劣化を止めよう

日本人の国語表現力

中島　武久

目　　　次

1　はじめに

筆者は近ごろ、どういうわけか、皆様方が使っている最近の日本語（特に話し言葉）が、相当に変質（言い換えれば劣化）を来してしまっているのではないかとの懸念を抱いており、勝手な言い分ではありますが、このまま放置して良いものだろうかと本気で心配している次第です。

　さて、コロナ禍に見舞われた今年は、筆者もまた世間の方々と同様に家庭内にこもり続け、その余勢をかって、テレビ番組を観たりしながら過ごした時間がこれまでよりも格段に増えた、と言う状況ですが、しかし、この辺りついては多くの読者の皆様方におかれても、その日常生活の状況は、似たりよったりであったのではないかと推察します。

　コロナ禍等の問題を扱った番組においては、大勢の有識者や政治家及び医療関係者が度々登場されましたし、また、著名人も加わった中での多事争論が繰り返されておりましたので、多くの皆様方もそれらは熱心にご覧になったことと存じます。しかしながら、その中において私自身は、実は、言葉使いの問題に関して疑問を感じてしまうような場面に度々出会ってしまい、その都度、戸惑いの感情が生じる場面が抑えられないということがありました。

　そこで、この状況を契機として、浅学菲才の身であるにもかかわらず、現代の言葉使いに関する問題に改めて焦点を当て、自分なりの分析を試みたいと思うようになりました。

　かなり前の話題になりますが、筆者の地元で文化会館が開設された折に催された、言語学者の金田一晴彦先生（故人）の記念講演に

おいて、講演後の質疑時間の際に、筆者は講師の先生に向けて、その当時すでに若い世代に顕著に広まっていた、いわゆる「ら抜き言葉」の将来性についてお尋ねしたことがあります。今でも鮮明に記憶をしているところですが、その際に先生から頂いたご見解というのは、「言葉は、時代の流れによって進化（変化）するものであるから、それらの例に見られる程度の、社会が享受し得る範囲の言葉の変化というものは、いずれ世の中に定着してしまうことだろう。」との趣旨のものでありました。

　今日、この点を振り返って現状を観察してみると、その状況は先生がお見通しになった通りであると言わざるを得ず、今では、なる程との思いに浸っています。

　筆者自身は、この例に見られるような、日本語（口語）が自然に変質してしまうという実態に対しては今でも不満を持ち続け、拘りを有するところではありますが、それはともかくとして、本書ではこのような意識を背景として行った、言葉が持つニュアンスによる分析を踏まえ、主要な日本語（カタカナ語を含む）を題材に取り上げて、その意味と使い方等々について筆者独自の解説を試みましたので、読者の皆様方に是非ともご高読いただいて、一つの分析例として参考に供して頂ければ幸いと思う次第です。

2 最近の日本語に内在する課題

2−1 日本語の現状と期待

（1） 現在の言語表現に対する疑問

　皆様がお使いになっている現在の日本語に対し、筆者は、いろいろな問題や懸念せざるを得ない点があるとの認識を持っています。そのことは本書の冒頭においても述べた通りであり、最近におけるテレビのワイドショー等からも感じられるところであって、また、日常生活においてときどき耳にする、ご婦人方による雑談等からも感じとれるところです。

　普段耳にする言語表現の中で、筆者が「変だな」と感じてしまう点を挙げるとすれば、それは次のようなことだと申し上げます。

　①　話が発散する方向に進み、話題を集約しようとしない。
　②　使っている言葉に無駄が多く、表現がスマートでない。
　③　話題に対する、その人自身の真摯な考え方が伺えない。

　このような点について、ご当人たちがどこまでお気付きかは分からないところですが、少なくとも筆者は、このような状態については手を付けなければならないのではないかと考えます。

　そもそも、日本での学校教育は知育ばかりを重んじ、その一方で議論の仕方は教えない、と言うところにも問題があると言わざるを得ず、その辺りの見直しから入って行かなければならないのではないかということを、筆者の率直な意見としてこの機会に申し上げておきます。

（２）　自由に議論する場の必要性

　一般論を前提として申し上げると、近頃の人々は新聞や雑誌など
を読まない傾向が著しく、また、同じ立場や環境にいる人達との間
でしか交流しない傾向が強いように見受けられます。

　そのせいとは断定しませんが、筆者の視点で申し上げると、現在
の皆様の会話においては、その時期に話題になっている事柄に対す
る分析や意味付けが十分でなかったり、あるいは、それぞれの立場
における主張が明確でなかったりするせいで、議論がかみ合わない
と言うことがよく生じているのではないかと推察します。

　では、その背景にどのような課題が内在していると考えたら良い
でしょうか。その最たる問題は、実は、個々の話題や案件について
各自それぞれが、すでに確立された関心や論点を持ち合わせている
訳ではないと言うことです。そして次なる問題は、それらについて
他の人達と論じ合おうとしても、自分の側でそれに耐え得るだけの
見識が備わっておらず、そのため、往々にして議論がかみ合わない
と言う欠陥が露呈されてしまうことがあるからだと考えます。

　筆者は、自らの体験を通じて得た意識として、各自がそれぞれに
重要だと思う事柄を、自身の活動範囲において日常的に自由に議論
しあえる環境が常にそこにあると言うことが、何よりも大切なこと
だと考える次第なのですが、皆様方はそれらの点についてどのよう
にお考えになるでしょうか。読者の皆さま、是非とも日常において
議論することを楽しんでみて下さい。

2－2　最近の日本語表現の悪い傾向

（1）「あの」、「えーと」の乱発

　日本語による最近の言語表現に関しては、いろいろな課題や問題があると言うのが実情でしょう。

　先ず、その事例の一つとして指摘したいのは、何事かを話そうとする際における、言葉の冒頭や言葉の区切りごとに「あの（またはあのう）」と言うふうに、いわゆる 感動句が次々と挿入されてしまうという、近ごろ特有の言語表現による会話のあり方に関する問題があります。この問題は、老若男女の別を問わず、近頃においては著しく増加していると言うことを指摘することができます。

　これと同じ傾向の課題を抱えている言語表現に「えーと」の場合があると思います。なお、これらのことは次章にて詳述します。

（2）関心の対象を「やつ」などで表現

　最近の若い人たちは、代名詞の「やつ」という用語を基礎の語として、これに「あの」や「この」を連体させた表現の「あのやつ」や「このやつ」といった言葉を、あたかも代名詞であるかのような便利な用語として認識していて、しかも、あらゆる場面や対象物に対して極めて多彩に応用しているという現実があります。

　その結果として、今日まで連綿として維持されてきた表現方法であるところの「あれ」や「これ」という、響きが良く聞こえもよい

従来からの言語表現のあり方が次第に忘れ去られていき、この先は遂に淘汰されてしまう、と言うような懸念が生じることが、決して杞憂ではなくなってしまったのだと思われます。

　しかしながら、筆者のような高齢者の立場からあえて批判を申し上げると、このような「汚い言葉」をみだりに使うことは誠に不適切極まりないことであって、しかも、耳障りが悪いものだと申し上げざるを得ないと思っています。

　この筆者の苦言について、多少でも耳を傾けて下さる方がおられるようであれば、そのあたりの対策を是非ともお考え頂ければと思うところであります。

（3）接頭語を冠した動詞の丁寧語化

　動詞の丁寧語化とは、具体的な例を引いて申し上げれば「お見せする」や「お聞かせする」との言い方が多用されていることで理解いただけるように、他動詞の頭に接頭語の「お」を加えて、丁寧語に擬した形式での表現として用いる方法のことです。

　しかしながらこの表現方法では、当然「ご覧いただく」あるいは「お聞きいただく」のような本来の丁寧語の表現と同格という訳にはいかないと言う弱みが露呈されてしまいます。

　元来、日本語にはすでにいろいろな丁寧語があって、後述のように、実例を挙げようとすれば限りがない程なのです。

　若い世代における日本語の劣化が顕在化しているこの頃であればこそ、義務教育の現場においては、このあたりの「意味合い」の違いについて適切にご指導をお願いしたいものであります。

（4）謙譲語が淘汰の傾向へ進む

　「承る（うけたまわる）」あるいは「戴く（いただく）」といった用語は、いわゆる謙譲語と言われる言葉のひとつであって、極めて大切な言葉なのです。しかしながら現在においては、よほど公的な立場にあるような人でもない限り、このような用語を自身の会話として日常で使用するという機会を持つ人々は、殆んどいなくなってしまったと言うのが実情なのではないでしょうか。

　このため、謙譲語による表現方法は今後より一層淘汰が進むものとの認識に立つ必要があり、そのためにも、特に教職員教育の現場においては、その対策を論じる必要があるではないでしょうか。

２－３　日本語の特徴と問題点

（1）　同音異語の事例が極めて多い

　日本語には、同じ読み方で表現する用語でありながら意味が異なるという、いわゆる「同音異語」が実に多数存在します。

　以下に、いくつかの事例について列記しますが、これらの中には数例に及ぶような同音異語を抱える語句もあります。

開放（かいほう）	―	解放	快方	快方
家庭（かてい）	―	過程	課程	仮定

観賞（かんしょう）	―	鑑賞	干渉	感傷
思考（しこう）	―	施行	志向	試行
感心（かんしん）	―	関心	歓心	寒心
機械（きかい）	―	器械	機会	奇怪
期間（きかん）	―	基幹	機関	帰還
気候（きこう）	―	機構	寄稿	起工
気象（きしょう）	―	希少	気性	起床
成果（せいか）	―	青果	生花	聖火
行為（こうい）	―	好意	更衣	校医
公園（こうえん）	―	講演	後援	好演
構成（こうせい）	―	公正	校正	厚生
聖火（せいか）	―	成果	青果	生花
対象（たいしょう）	―	対称	対照	大将

（2）　意味が重なる熟語が多数ある

　日本語では、意味が重なる熟語が数多く使われています。そこで次の課題として、使用頻度が高い主な熟語のうち、その熟語の意味が重なる（意味が近い）ような熟語の組み合わせについて、幾つかの用例に沿ってその対比を行ってみましょう。

①　準備と用意
　意味するところに大きな違いはない。ただし、準備という用語には汎用性があるが、一方、用意の方については、私的な活動の範囲で用いる用語と言う語感が伴っている。

15

② 意見と異議

　意見は、主張を申し述べると言うことであるが、異議の用語の方には、問い正すとの意味合いが盛り込まれている。

③ 関心と興味

　どちらも心が引き付けられる、と言う点においては類似している。しかし、興味の語には、面白さを感じ、人が引き付けられると言う少し異なった意味合いの部分が含まれている。

④ 組織と機構

　これも意味するところに大きな違いはない。しかし、機構という用語を用いようとする場面には、通常、極めて大きな公的な組織という、現実に例があるものを連想させる一面がある。

⑤ 指導と育成

　指導は、教育的な観点から人を育てることである。一方の育成の用語には、単なる対人関係的な事柄のみでなく、組織を育て上げるという別途の意味合いが盛り込まれる場合がある。

⑥ 対照と対比

　二つの物を比較してみることが対照である。この見方は、一方の対比と言う用語についても同様に言えることである。

⑦ 保証と保障

　保証とは、商品の品質等に間違いがないことに責任を持つことを意味し、保障は、安全な生活を約束して、そのために必要な措置を取ることを意味する。両者の意味は明らかに異なる。

⑧ 風景と景観

　風景とは景色のことである。しかし、景観も景色のことを表現する熟語である。したがって双方に大きな違いはない。

（3）　同類で、意味が異なる用語が多数ある

　一方、日本語には、以下の通り似た用語でありながら意味が微妙に異なっているという、いわゆる同類の用語が多数存在します。

頭にくる	胸が騒ぐ	腹が黒い
頭が上がらない	胸がつぶれる	腹が据わる
頭が下がる	胸がふさがる	腹が立つ
頭が痛くなる	胸が詰まる	腹が減る
頭が低い	胸が焼ける	腹が下る
頭が黒い	胸に迫る	腹の皮がよじれる
頭が白くなる	胸にたたむ	腹も身のうち
頭を抱える	胸に一物をおく	腹を合わせる
頭を冷やす	胸に手を当てる	腹を痛める
頭を痛める	胸のすくような	腹を抱える
頭を下げる	胸のつかえ	腹を切る
頭をひねる	胸を痛める	腹をくくる
頭を丸める	胸を打つ	腹を肥やす
	胸を貸す	腹を据える
	胸を焦がす	腹を召す
	胸をさする	腹を割る
	胸をつく	
	胸をそらす	
	胸をはる	
	胸をふくらませる	

17

（4）　外来語由来の言葉が氾濫している

　古代において、遣隋使や遣唐使を派遣したことによる中国との間
の文化的交流が始まって以来、中国からもたらされた漢字こそが、
その後の日本における、文字文化の基礎が形成される下地になった
と言うことです。一方の、平仮名（ひらがな）文字は、平安時代に
日本国内において漢字を下地に創出されたものなのです。

　このような歴史を経た結果、今日の日本語は、漢字で表記される
言語（文字）の殆どは中国語由来のものであり、一方、カタカナで
表記される言葉の殆どは、アメリカ及びヨーロッパ諸国からもたら
された文物の名前や言語をそのまま表音化し、言い慣らされて今日
に至ったものなのです。

　一口に外来語と言っても、世界の各国との間で行われてきた古来
からの文化的交流の結果によって、外来語には中国語を始めとして
ポルトガル語、英語（米語）、及び 韓国等といった、由来の異なる
言葉がそれぞれありますが、今日の日本においては、それらを特に
区別せず、日本語として既に定着した言葉として扱っています。

　そして、そのことが日本語としての表現機能の発展に大きく寄与
し、その結果が今日における文化や科学技術の興隆を支えてきたと
言っても良いのではないでしょうか。

3　日本語の乱れが感じられる事例

（1）あの、あのう…　の乱用

　テレビの各局においては、ワイドショーが連日のように繰り返されています。そして新型コロナ感染の社会問題の渦中にあった今年は、この問題を取り扱う番組などにおいて、レギュラーメンバー等の他に、医療関係者や各界の著名人らが入れ替わり立ち代わりで登場し、いろいろな話題を提供したりして、番組の盛り上げに一役をかっておりました。

　ところで筆者が常々思って来たことですが、これらの番組を構成する人たちの中で、中心となるキャスターの方は十分に訓練されているようで問題はないものの、一方、ゲストとして登場される多くの人達の言語表現に対しては、いささか不満を持たざるを得なかったと言うのが実情です。その不満部分のポイントとは、端的に申し上げるなら、発する言葉の冒頭や言葉の節々に、その都度「あの、」または「あのう、」という感動詞が、次々と、極めておびただしい頻度で挿入されてしまうことについてであります。

　この指摘の何が問題かと言うと、これらワイドショー等は、老若男女を問わず、多くの方々がこれを観ておられるわけであって、その視聴者が、このような未熟な会話術に対して特に違和感を持たなくなってしまうとすると、人々の今後の口語表現レベルの維持の面などにおいて、極めて問題があると思うからなのです。

　また筆者は、単に聞きづらいと言うだけの問題としてこれを取り上げているのではなく、視聴者側の不満が、その言語表現をされる方々の意見や主張に対する関心までも、遠のかせるかも知れないと思う点において、もったいないと思うからなのです。

そこで、このような言語表現がなぜ多用されてしまうのか、その原因について分析してみることにします。

① 各人が使っている日常会話の中に「あの」が多用され、視聴者が聞き苦しく感じているとの自覚がない。従って、他の人の同様な言語状況に対しても特に違和感を持つことがない。

② 端正な表現の会話をしている人に接する機会が少なく、そのため「スマートな会話」の事例とその重要性に気づいていない。

と言うことではないでしょうか。

　そこで、これを克服する手立てとして筆者がお勧めしたいこととは、ワイドショー等を観ている際に、内容に没頭してしまうのではなく、出演者たちが発する会話の在り方そのものをじっくり観察して「スマートな話し方」とそうではない話し方の双方を比較し、どこに問題があるか、と言う点をじっくり見極めた上で、あとは自分なりに言葉使いの見直しに努めることだと思います。

（2）えー、えーと　の多用

　子供同士の会話において「えーと」が多用されるとしても、それは仕方がないことであって、それによって違和感が持たれると言うことは殆んど無いでしょう。しかしながら、それが大人同士による会話において常態化された言葉の使い方である、と言うことになると、それは別途の問題であると言わざるを得ません。

　現在、大人が使う話し方の場合において、その人の立場や職業の如何にかかわらず、話す言葉の端々に「えー」または「えーと」が入ってしまうという実態は、立場の違いを超えて日常的に多々ある

と認識するのです。筆者個人の意識ではありますが、会話の節々に
この語句が入ってしまうと、これを聞く側の立場からすれば、どう
しても「幼稚っぽい」または「反応が鈍い」との印象を禁じ得なく
なってしまうのではないかと思うのです。

　過去に、総理大臣でさえも「えー」や「そのー」等を言葉の節々
に常に挿入して談話等をなさる方がおられたわけですが、さすがに
近頃では、これほど癖のある話の仕方が常態化しておられるような
著名人は、少なくなってきたようではあります。

（3）お見せ…、お聞かせ…、とは ？

　テレビ番組のワイドショー等を視聴して、そこに出演されている
ゲストの人達の発言に注目していると、その発言の中に「お見せす
る」あるいは「お聞かせする」という言い方が多用されていること
が分かります。これらの番組を楽しくご覧になっている一般の皆様
に対しては申し訳ないことですが、日頃、言葉の問題に関心を払い
ながら視聴している筆者にとっては、これらの言葉の用法に対して
どうしても違和感を禁じ得ないところがあります。

　それでは、それらの言い方のどこに問題があるのか、と言う点で
すが、私見を踏まえて申し上げると「お見せする」は、本来は「ご
覧いただく」と言うべきところであって、一方の「お聞かせする」
は「お聞きいただく」と言うべきところではないのか、と思うから
なのです。筆者は日頃から、視聴者に向けて発する場合の言葉使い
というものは、原則的には謙譲形に切り変えた上で使って頂くのが
正しいと思っている次第です。上述した例においてもお分かりいた

だけるように、その言葉の頭に単に「お」を乗せたと言うだけでは謙譲語にはならないのです。

　ワイドショー等の番組は、主婦が視聴しやすい時間帯に放送すべく展開している訳であるし、ゲストの選定も簡単ではないでしょうから、軽々にこのような意見を申し上げるべきではないと思うところではありますが、例えば、英会話でさえも謙譲の表現は使われるのであって、近頃は、言葉にこだわりを持つ多くの「主夫」たちが観ていると言うことを良くご理解いただき、番組のあり方等については十分にご配慮を頂きたいと思うところであります。

（4）あのやつ、このやつ　の乱用

　最近の人たち（主として若い世代）は、周囲にあるものを指して「あのやつ」、「このやつ」と言った表現を平気で使っていて、特に違和感は持っていない様子であります。

　しかしながら筆者の経験で申し上げると、私達の若い頃には、この、いわゆる「やつ言葉」は殆んど使われてはおらず、誰もが正しく「あれは…」、「これは…」と表現していた筈であるから、いつの頃から、このような下品な表現方法（取りあえず「やつ語」と言っておく）が一般化してしまったのか、不思議でなりません。

　筆者らの世代では、この「やつ語」は、悪い奴（やつ）と、ことさら下品に言うことが的（まと）を得ている用例の場合にのみ使用が適するという、普段は殆んど使うことがない特殊な用語だとの意識が根底にあったと言えます。筆者の知る限り、その唯一と言える使用例が、黒沢明監督作品の往年の名画「悪い奴ほど良く眠る」で

あって、その題名こそが、この映画が表現したいドス黒い裏社会を描く意味なのであって、そのことを端的に表現すべく、監督は敢えてこの用語を採用したのだと推測します。

　今日、若い人達が無遠慮に「あのやつ」、「このやつ」と言う表現をしている現状に対しては、筆者らの立場からすると、それは「あの奴」、「この奴」と言っているようにしか聞こえず、代名詞の使用方法としては、極めて不穏当であると言わざるを得ないと思っている次第です。従って、特に若い人達に対しては、これらの言い回しは、以前から使われてきた「あれは…」か、あるいは「これは…」の言い方に置き換えて、上品な言語を正しく使用して下さることを是非ともお願いしたいものであります。

（5）承る（うけたわまる）等々の使い方

　何らかの事柄を、誰かから伝えられたような場合における一般的な表現は「聞く」であって、その表現に問題はありません。

　ところが、もし、その事柄を伝えてきた相手が社会通念で言うところの上位の側の人達であった場合には、これを一般的に表現する場合においては「聞いた」の言い現わし方は「お聞きしました」と言うか、あるいはより丁寧に「承り（うけたまわり）ました」との表現に置き換えて言い現わさなければならないのです。このことは次に述べる「戴く」の場合と類似する表現方法の問題であって、このような表現に関する言葉を謙譲語と言います。

　しかし今日では、これら謙譲語による表現は敢えて使わなくても差し障りがない場合も多く、特別扱いの言葉とも言えます。

（6）貰う、戴く　の使い分け

　日常生活おいて、戴く（いただく）と言う言葉が使われる場合というのは、一般的に考えると、食事の際や、友達などから何等かの贈答品を戴いたりした場合のこととなるでしょう。

　ところが近頃の様子をうかがうと、食事の場合はともかくとして、贈与品を戴いたりした場合を表現する際の言葉のほとんどが、「貰った（もらった）」との言い方になってしまっている、というのが実情になってしまっています。

　筆者のような立場の者から申し上げると、そもそもこの「貰う」との表現は、相手側に対する思いやりに欠けるのと、なんとなく施し（ほどこし）を受けた時のような気分がしてしまうところがあると思うのですが、皆様方においては如何なものでしょうか。

　たとえ、日常に生じる些細な事柄に関する言葉の使い方であったとしても、そこには常に品格と相手に対する配慮とが備わっている必要があると思うのです。その意味において、正しく「戴いた」を使用して欲しいものであります。

（7）はい、いいえ、存じません

　国語教育が徹底している今日では、名前を呼ばれた時や電話によって呼びかけられた際には、誰もが「はい」と応じるという習慣が十分に身についています。

　ところが、この「はい」と反応することが日常会話における基本となっている習慣が、場合によって、会話をしている者同士による

受け止め方の違いによって、時に思わぬ混乱を引き起こす、と言うことがあり得るのです。

　一般的に言って、電話による会話の中で、相手から何らかの呼び掛けが行われた際、その会話の中で如何なる事柄が話されているのかを良く理解して対応している限りでは、特に問題は生じないのですが、もしも仮に、話の趣旨を良く理解できていない状況の中で、単純に「はい」や「はい、はい」との応答を繰り返したりしていると、実はその会話の裏で、何らかの合意が成立してしまっているかも知れないと言うことや、あるいは、相手の側に一方的な思い込みが生れることで、困った問題を引き起こす、と言うことが生じ得るのです。そして、その結果、場合によって極めて面倒な事態が生じると言うことが心配されると言う訳なのであります。

　会話力に自信がある人の場合には問題はないでしょうが、そうでない人、または特に高齢者においては、この点に十分に気を付けて頂きたいと思うところであります。

　もしも仮に、あまり面識がない人との間で会話をしなければならないという際には、「はい」の他に、「いいえ」、「存じません」あるいは「違います」等と、明快な反応が出来なければ、安全な生活は保障されないのであります。

　このような問題については、教育現場の関係者の皆様にもご認識をいただき、できる限り早期に子供達に十分なるご指導をいただきたいと思うところであります。

（8）一番最初（一番初め）とは

「最初」と言う言葉の意味自体は、改めて言うまでもないところであります。それでは、昨今、一般的に使われるようになっている表現方法とも言える「一番最初」についてはどうでしょうか。単に最初という言葉を強調したものである、と理解することができない訳ではありませんが、それでは「最初」と言う用語のみの表現では「一番…」という意味あいを表現することができないとでも言うのでしょうか。

　現在の日常語の中で現実に使われている「一番最初」という表現方法は、実は、同じ意味合いを持つ二つの語句が重合した形式にて熟語化していて、熟語としての整合性が整えられていないと言わざるを得ない使い方でありますから、仮に、その意味あいを強調したいと言いたいのであれば、本来は「一番初め」という表現にすべきところなのであります。

　今日、日常会話で「一番最初」とする言語表現が一般化している状況については、筆者は、言葉の意味合いにこだわらない人々の間においてのみ我慢しうる、不適正な表現の方法であると申し上げておきます。

（9）一生懸命（一所懸命）とは

　一所懸命とは、武士の時代にあっては、自らが所有する家や屋敷田畑及び家系を、代々に亘って守り抜いて行く執念のあり様を表現したもので、精神的教訓として、昔から尊重されてきた処世訓とも言うべき言葉であります。

　仮に、この熟語の解釈を現代と整合するように言い換えるとすれ

ば、人々は、生きて行くために必要なそれぞれの事柄に向って懸命に努力を傾け、その一つ一つをより一層深化させて行くことが肝要である、と言うようなことになるのではないでしょうか。

　ところが、現在においては、この熟語を「一生懸命」などと表記してしまう向きがありますが、筆者は、これでは人々が共感できる教訓とはならないのではないか、と思うのであります。そもそも「一生をかけて懸命に努力せよ」などという大雑把な言い方では具体性に欠けていると言うほかはなく、単なる無意味な熟語に他ならないと言わざるを得なくなってしまいます。ここはやはり、この熟語が持っている本来の意味を正しく理解させる術（すべ）として、元々の表記方法であるところの「一所懸命」に戻すべきであります。

　筆者の側の視点から申し上げると、最近のような表記方法と、軟弱な解釈とを蔓延させている現状については、極めて違和感があると言う他はなく、常々、苦々しく思ってきたところです。

（10）全然（ぜんぜん）、の使い方

　全然という言葉は、最近は「全く」または「まるで」と言う意味だと解釈される傾向にあります。それゆえ「全然いいです」のような言い方が出現するのです。多くの人達がその方が使い勝手が良いと言うのであれば、それは、そのような解釈を共有できる人達の範囲において、使い勝手が良い言葉だと納得した上で自由にお使いになれば良いことでありましょう。

　しかしながら、かつて好評を博した洋酒のコマーシャルにおいても知られたように、例えば、その時の気分について問われたような

場合、この「全然」との言葉による返答があった際には、その言葉の意味の中に「問題がない」との意識を含む肯定の概念がそこにはすでに示されたと解釈すると言うことなのです。その点において、著者は以前から、この言葉には極めて含蓄があって、尋常ではない使い方ができる特異な用語だと思って来たところです。

　したがって、通常の会話において「全然」との表現での言葉が返された場合には、その言葉の中に暗に「問題がない」との否定形によった肯定の意思が表現されたと解釈することになるのです。この解釈自体は、筆者のような高齢世代の者からすれば、極めて自然なことだと申し上げられます。

　最近の若い人達による会話の中で、時々見受けられる使い方の中に「全然、いいです」との表現が見受けられますが、上の視点からみて、これでは本来の使用方法とは異なっていて違和感を感ぜざるを得ません。しかし、これを「全然、問題がない」との表現に置き換えるのであれば止むを得ないところであります。

（11）ご免なさい、申し訳ありません

　職場で大勢が議論したり、あるいは近隣の人たちが多数集まって意見交換をしているような場合において、議論が沸騰し、収集が付かなくなってしまうと言うようなことは、時には起こり得ることであります。そのような場合に、自分の意見がその原因を成していると考えられる際には、出来るだけ早くその場を収束させて、禍根を残さないための手を打つことが大切です。

　そして、そのような場合に欠かせない行為が「ご免なさい」また

は「申し訳ありません」と、当事者が自分の意思をはっきり示した上で謝罪することであります。

　ところが、往々にして見られる対処方法の中に、第三者が割り込んで「まあまあ、その辺で…」との言葉によって仲裁が入り、その場を収めてしまうと言うことがあります。しかしながら、このような対応で収束させてしまうと、その「しこり」が禍根を残す結果となって、その後に、更に面倒なことが起きると言うことが有り得るのです。社会的な立場にある者が謝罪を入れたりすることは辛いことではありますが、実際のところ、これを怠ることでより一層不利な立場に立ってしまうことが良くあるものです。

（12）…です。などの締め言葉について

　日常の会話においては、例えどのような場合であっても、話し言葉の末尾には、必ず「…です。」や「…します。」あるいは、その過去形を引用した締め言葉が付く、と言うのが常識であると思うのです。ところが、最近の若い人達による会話においてはその部分が欠落していて、その代わりに「…だから。」、または「…するから。」が使われ、それだけで一連の言葉が閉じられてしまう、と言うことが普通になっているようです。そして、それがあたかも当然の言葉の使い方であるかのように、気にする様子がないのです。

　しかしながら、筆者はこのように懸念します。仮に、そのような言葉使いを日常化させたままで成長してしまうと、その先での一般社会において、果して、本来の正しい言葉の使い方が出来るようになるのだろうか、と言うことであります。

（13） しかしながら、等々の言葉

　最近の会話では、あまり聞かれなくなってしまったと感じられる語彙が幾つか挙げられると思います。例えば次のものです。
　　　。　しかしながら…
　　　。　強いて言えば…
　　　。　…とは言うものの
　これは、現在多用されている「でも…」や「しかし…」等に対応している、極めて日常的な用語なのです。
　これらの用語は、会話の流れの中において自然なかたちで使われることが大事ですが、一方、それを聞く側からすれば、このような用語が普通に使えている人に対しては、もの事にそれなりの蘊蓄がある人だと感じてもらえ、より一層の関心が払われるようになるのではないかと思うところであります。したがって、これらの用語を正しく使用することは決して無駄なことではないのですが、皆さま方はこのような点について、どのようにお考えでしょうか。

（14）　～しませんか　？

　この「～しませんか？」は、一緒に行動しようとして友達などに声を掛けたりする際に、今まで普通に使用されてきた以前からある言葉です。それでは、この言葉自体が同じ意味の「～しましょう」と比べて、なにか異なる点があるかについて考えてみます。
　先ず言えることは、「～しませんか？」は、軽い気持ちで相手の反応を伺っただけなのに対し、「～しましょう」は、多少の強要の

31

気持ちを込めて、相手の反応を伺った言い方になっていると見做すことができると言うことです。

　このような微妙なニュアンスの違いを意識するせいなのか、最近の日常会話においては、多くの皆さま方がこの「〜しませんか？」の言い方の方に流れているとお見受けします。そして、文法上での謙譲形式とされる受身形ではないものの、この言葉は一種の謙譲語的な表現なのだと見做すことができます。

　なお、このような言葉使いは、「休みませんか？」等の類似性のある他の用語にもみられることです。

（15）媚び（こび）を売るような言葉

　「 媚びを売る」とはどういう意味かと言うことですが、媚びるとは、相手に気に入られようとする気持ちが強く、ご機嫌をとるような言辞を多用すると言うことです。勿論、どのような場合であっても、相手を敬う気持ちを持つということは本質的に必要なことではあって、当然の心掛けの一つでもあります。

　しかしながら、それもおのずから限度があると考えなければならず、少なくとも、そこに第三者が介在している場合においては、ご機嫌とりのように見える言辞の多用は控えるべきである、と言うのが世間の常識であり、常識ある人の当然の節度というものです。

　そのような視点からみて、常に独自性を保つことは極めて大事であり、仮に考えが違う場合には「違います」などと、自分の意思をはっきりと示すことがより一層大切であります。

（16）　意味を正確に伝えたい時の言い方

　例えば、子供たちが学校において、授業の終了後に教室その他の掃除をすると言う場面を想定したとする場合に、子供たちのみの間での会話においては「…の掃除をする」、「掃除をした」との単純な表現方法によって意思疎通が図られているとしても、それは止むを得ないことであって、そのことに何か不都合な問題があると言うわけではありません。

　それでは、教室の掃除が終わった後で、そのことを担任の先生に報告すると言う場面を想定してみましょう。単刀直入に「掃除を終了しました」との表現をとるのか、または「…の掃除を行って終了しました」との表現方法を用いるのか、と言うあたりについては、大した差があると言うわけではないにしても、果たして双方の言葉が含んでいる意味合いについては、どのような差異があると言えるのでしょうか。

　先ず「掃除を終了しました」との言い方には、掃除が終了したことに力点が置かれているのに対し、「… の掃除を行い、終了しました」の言い方には、やるべき事を見落しなく、丁寧に実施した上で掃除を終了した、との意識が十分に汲み取れるような表現のあり方になっていると言えるのではないかと思うのです。

　したがって、そこで伝えようとしている発言者の側の意図（内容）が、それを聞く相手側に対して正確には伝わるようにするためには、語られているその言葉のなかに、伝えたい事柄が正確に盛り込まれていなければならず、単なる上辺の言葉だけであっては何の役にも立たない、と言うことです。

そもそも、言葉は意思疎通のための道具なのであるから、それを伝えようとしている側と、それを受け取って次の判断に繋げようとしている側との、それぞれの立場や関心のあり方が相互に理解されていなければなりません。そして、その関係がお互いに明確になるように意識して言葉を選び、それを適切に使い分けて行くようにしなければ、十分な意思疎通を果たしたと言う結果には繋がらないものなのだと思います。

（17）すれ違った人には挨拶を

　地方においては、学校（義務教育）において、道ですれ違った人に対しては会釈をするように、子供たちに対し指導しているものと見られます。それは、筆者自身がそのことを実感するような光景にしばしば出くわしているからです。

　ところで、同様なことを大人たちの場合について検証してみたとすると、果たしてその実態は、一体どのようなものだと言えるのでしょうか。筆者が知る限りでは、少なくとも居住する地域の範囲内においては、道ですれ違った歩行者に対する限り、それぞれの人が会釈をすると言うことが実行されていると言いきって、大きな間違いではないと思っています。その理由は、住宅地内を歩行する人は、その地域内の人だと推定して、ほゞ間違いがないからです。

　実は、このことが地域のコミュニティーを健全に支えて行く重要な要素だと考えられます。会釈を交わすことは、言葉を交わすのと同様の価値がある行為だと思うのです。

4　生活の基本をなす現在の言葉

4－1　生活で常用される言葉

（1）日常の生活に関する言葉

1　自然の情景を表わす言葉

①　あかつき（暁）

あかつきとは、夜明け前の、まだ、ほの暗い頃の情景を表わした言葉である。この言葉を引用した表現方法の一つに、その際、との意味を付加した「成功のあかつきには…」がある。

②　朝焼け、夕焼け

朝焼けは、日の出の前に、東の空が赤みを帯びた光景を呈する状況のことである。一方の夕焼けは、日が沈む際に、西方の空一面が赤みを帯びた光景を呈するようになる状況のことである。

③　日暮れ、夕暮れ

日暮れとは、太陽が西に沈んで暗くなりかけている状況を言っている。一方の夕暮れは、日が沈んで急に暗くなる様子を言っている。しかしながら、この二つの言葉の間にそれほどの差異があると言うわけではない。

④　黄昏（たそがれ）

黄昏とは、夕方で暗くなり初めたことによって、例えば、視界に入ってはいるものの、その人物が誰（何）なのか明確には特定できなくなってしまったと言える程度に、明るさが低下した状況にある時間帯のことを指している。

⑤　宵のくち

宵のくちは、暗くなったが、仕事（又は遊び）を終えるにはまだ早いと思えるような、夜に入ったと言ってもそれ程には時刻が経過しているわけではないような時間帯のことを指している。

⑥　宵闇（よいやみ）

宵闇は、太陽が沈んで暗くなったが、時節がら、まだ月が出ていないので月明かりにも頼ることができず、屋外が相当に暗い状態にあることを指している。

⑦　霧雨（きりさめ）と、みぞれ

霧雨は、霧のような細かな粒子の雨が降ることで、みぞれは雪になりかけた結晶状の雨が降ることを言う。

2　大潮と小潮

大潮とは、潮の干満差が最も大きくなる潮汐現象が生じる時のことで、それは月と地球と太陽が一直線に並ぶ時（新月と満月の時）である。そのため、大潮は一月の間に二度も生じる。潮（海水）の満ち引きは、月の位置に関係しているのである。

一方、小潮は、新月と満月の間において潮の干満が最も小さくなる時のことである。

3　台風と時化（しけ）

台風とは、夏から秋口にかけて赤道地帯で発生し、日本にも襲来することがある、熱帯性低気圧のことである。

時化とは、強風のため、海上に大波が生じる状況を表わした言葉である。海象状況を予報する場合には「時化る」と言う。

4　お彼岸

　春分の日（3月）と秋分の日（9月）を間に挟んだ、それぞれの前後7日間を「お彼岸」と言う。

　彼岸という言葉が持つ意味は<u>向こう側</u>ということであって、日本の各地において昔から、この時期に先祖の墓参りを行う習慣があるが、これは、向こう側にお住まいのご先祖（霊）をお参りし、親族の安寧をお願いするという習慣によるものである。

5　お盆（盂蘭盆）

　お盆とは「盂蘭盆（うらぼん）」のことであって、今日においては 8月15日 がお盆の中日とされている。この時期にはご先祖の「御霊」をお迎えしてお持てなしをする習慣がある。

　また、このお盆の期間には、全国各地でそれぞれ地方色が豊かな種々の形式による行事も行われる。お盆は、日本の文化を受け継ぐ伝統ある民族的な行事であり、大切にしたい風習である。

6　お節句

　3月3日を**桃の節句**と言い、ひな人形を飾って「女の子」を対象としたお祭りをする。

　一方、5月5日を**端午の節句**と言う。この日は昔から、家系を継ぐ対象とされてきた「男の子」を祝う祝祭日であって、鯉のぼりを揚げたり、しょうぶ湯に入るなどの習わしがある。

　端午の節句の頃は、気候が良く、花々が咲き乱れ、また、この日が連休期間にも当たるため、行楽には適する時期である。

7　暦（こよみ）における、干支（えと）

　干支は、古代中国を発祥とする時間（日）の数え方のことである。干支は十干（じっかん）と十二支を組み合わせた２文字による、合計で６０組にて構成される。

　① 　十干 には、甲、乙、丙、丁、戊、己、庚、辛、壬、がある。
　② 　十二支には、子、丑、寅、卯、寅、己、午、未、申、酉、戌、亥　がある。

　干支の例には甲子（きのえね）、丙午（ひのえうま）等と、高齢の方であれば知っておられるものが多数ある。

8　季語

　季語とは、季節（四季）を表現する際に用いられる言葉で、旧暦をもって表わされたものである。そのため、現在の暦（太陽暦）による感じ方よりも一カ月以上早くなってしまう。

　　春は、立春（２月４日）　　夏は、立夏（　５月７日　）
　　秋は、立秋（　８月７日）　　冬は、立冬（　11月７日　）

9　暦年、暦日の表わし方

　暦年や暦日に関する表現については次のようになる。

　① 　暦年　　一昨年　　昨年　　今年　　来年　　再来年
　② 　暦日　　一昨日　　昨日　　今日　　明日　　明後日

10　記念日

　憲法記念日や文化の日などは記念日で、休日とされている。今年度（令和２年）の記念日は、上記を含み合計で１０日ほどある。

４－２　生活のあり方を表わす言葉

１　あどけない

むじゃきで可愛らしい、と言う意味であり、子供達が遊んでいる
様子などを表現する場合などに用いられる言葉である。

２　足を引っ張る

妬み（ねたみ）の心が生じることによって、他人の生活を妨害し
たり、あるいは成功を願って行っている他人の行為に介入し、その
努力を邪魔したりすることを言う。

３　侮る（あなどる）

相手の立場や実力を軽く見て、馬鹿にしたような対応（または態
度）をとる人の、その心の有り様を言い現わす表現である。

４　いきり立つ

怒りの心が感情の著しい変化を引き起こし、それがその人の表情
の変化や大声などとして表に現れてしまっているような人の、その
態度のことを言う。

５　いたたまれない

病気や不幸などによる身体的苦痛や精神的な辛さなどを抱え、我
慢ができないような心身状況にある人について、他の人の立場から
見た時の、その様子を表現する言い方である。

6 うろたえる

何らかの特殊な事情に出会ったりする際に、その人がひどく慌てて取り乱す様子をこのように言う。

7 おびえる

何か（暴力行為など）に対して怖ったり、子供が怖い夢を見た時にうなされるなどと言う場合に、その人が抱いている恐怖の心情を表現する際の用語である。

8 腰が低い

相手に対して尊敬の念を持ち、丁寧な言葉使いと頭の低い態度によって相手に接する様子を、このように表現する。

9 素っ気（そっけ）ない

相手に対して、温かみや思いやりの心が感じられないような態度をとると言う、その人の様子を表わす用語である。

10 淡白（たんぱく）な人柄

欲をかいたりせず、何事にも拘る（こだわる）ことがない性格の人のことをこのように表現する。

11 天狗（てんぐ）になる

自分の才能や、その技能が優れていることを得意げに自慢したりする人のことを、擬体化して表現した言葉である。

12　鼻にかける

　自分の行動や業績などを言い触らし、しきりに自慢する素振りをするような様子のことを言う。

13　卑屈（ひくつ）になる

　自分の行動に満足できないときや、家庭内に事情があったりしたような場合に、心がいじけてしまうような様子（態度）になることをこのように表現する。

14　人が変わる

　その人の性格や人格が変わってしまった（ように見える）ことをこのように言う。

15　へそがお茶を沸かす

　笑いが止まらないほど、非常におかしい様子のことを、このように表現する。

16　ひんしゅくを買う

　他の人達から見て「いや人だな」と思われるような下品な言動や品行不良な態度をとることを、このように表現する。

17　不遜（ふそん）な態度

　相手に対して尊敬する気持ちを持たず、相手から高慢に思われるような態度を示してしまうことを、このように言う。

18　見くびる

　簡単に応じるだろうとの認識の下で相手と交渉を進めたが、その人からは期待したような良い反応が得られなかった、と言うような状況のことを、このように言う。

19　水を差す

　談話中の人達の間に割り込んで雰囲気を壊したり、進行中の話し合いであることを知りながら、途中で割り込んで、会話の邪魔をしたりする行為のことをこのように言う。

20　目にあまる

　ひどい状態（例えば、暴言や過度な飲酒等の行為）があって、放置できない様子になっていることをこのように言う。

21　悶々（もんもん）とする

　人との関係のことや、あるいは仕事上のことが気になって眠ることもできず、一晩中もだえ苦しむような状態になったりする、という状況のことをこのように表現する。

22　理屈をこねる

　もっともらしい理由を言い立ててはいるものの、その原因となることや因果関係等については明示することができない、と言うように、単に議論だけが続く様子のことをこのように言う。

４－３　丁寧に表現する際の言葉

　日本語は、それを用いる際における相手との関係、あるいは社会的な慣習などによって、同じ意味のことを表現する場合であっても、その言葉の在り方はかなり異なってくるものなのです。

　基礎をなす言葉（基本形と称する）のみの会話であっても支障をきたすことがない場合というのは、実は、会話をしている者同士がお互いに友人関係であったり、あるいは組織の中での立場が同格かまたは下位の者であったりする場合に限られる、というのが常識的な考え方なのだと言わざるを得ません。

　日本語と言うのは、言葉を交わす際における双方の関係が初対面である場合はともかくとして、両者の間に、社会的な意味で言うところの立場の差があることが明らかであって、相手が上位者である場合においては、常識として言葉は、いわゆる丁寧語または尊敬語といわれる所定の用語形態を取り込んだ表現の方法に従って、正確に使わなければならないものなのです。

　それでは、次の仕分け区分によって、それぞれの用語（動詞句の表現）が、用途の別に応じ、どのように使い分けられるべきなのかについて、具体的に確認してみましょう。

（１）　動詞句を用いる際の用語の使い分け

　動詞句は、活用の仕方に応じて、その形態が次のように変化することになります。

基本語	丁寧語	尊敬語	謙譲語
会う	会います	お会いする	お目にかかる
する	します	行います	致します
言う	言います	申します	申し上げます
行く	行きます	参ります	お伺います
待つ	待ちます	お待ちします	お待ち致します
来る	来ます	おいでになる	いらっしゃいます
知る	知っています	存じます	存じ上げます
食べる	戴きます	頂戴します	召し上がります
居る	居ます	おられます	おいでになります
見る	見ます	ご覧になる	拝見します
聞く	聞きます	お聞きする	拝聴します
座る	座ります	お座りになる	お座りになります
伝える	伝えます	お伝えする	申し伝える
分かる	分かります	分かります	承知致します
読む	読みます	お読みします	拝読します
送る	送ります	お送りします	お送り致します
あげる	あげます	差しあげます	ご笑納ください

（2）　名詞句を用いた言葉の使い分け

　日本語は、自分の側は謙譲語で、一方、相手側については尊敬語を使用して表現するのが正しいとされています。この関係についてはおよそ以下の通りです。

対象の用語		謙譲語	尊敬語
お店	⟶	弊店	貴店
会社	⟶	弊社	貴社、御社
学校	⟶	弊校	貴校、御校
団体組織	⟶	弊会など	貴会、貴団など
一般の人	⟶	小生	貴殿
公職にある人物	⟶	小職	貴職

4－4　アクセントが気になる語句

　日本語は、それが使われている地域に依存するかたちで、言葉や単語自体のアクセントが微妙に異なると言う特異性を有することが明らかです。したがって、以下に示す言葉のアクセントについては、あくまで、筆者が生れ育った関東地域でのアクセントを基準とした事例であることをお断りしておきます。

（1）　あ行の語句の抑揚

1　垢（あか）と赤
　　垢 は、尻上がりに、赤 は、尻下がりに発音する。
2　空きと秋
　　空き は、尻上がりに、秋 は、尻下がりに発音する。

3 厚いと熱い

　厚い は、尻上がりに、熱い は、尻下がりに発音する。

4 足と葦（あし）

　足 は、尻上がりに、葦 は、尻下がりに発音する。

5 行きと意気

　行き は、尻上がりに、意気 は、尻下がりに発音する。

6 覆いと多い

　覆い は、尻上がりに、多い は、尻下がりに発音する。

（2） か行の語句の抑揚

1 河岸（かし）と菓子

　河岸 は、尻上がりに、菓子 は、尻下がりに発音する。

2 借り（かり）と狩り

　借り は、尻上がりに、狩り は、尻下がりに発音する。

3 汽車と記者

　汽車 は、尻上がりに、記者 は、尻下がりに発音する。

4 北と来た

　北 は、尻上がりに、来た は、尻下がりに発音する。

5 駒と独楽（こま）

　駒 は、尻上がりに、独楽 は、尻下がりに発音する。

（3） さ行の語句の抑揚

1 採火と災禍（さいか）

採火 は、尻上がりに、災禍 は、尻下がりに発音する。

2　参加と賛歌（さんか）

参加 は、尻上がりに、賛歌 は、尻下がりに発音する。

3　視覚と資格（しかく）

視覚 は、尻上がりに、資格 は、尻下がりに発音する。

4　試算と資産（しさん）

試算 は、尻上がりに、資産 は、尻下がりに発音する。

5　書家と初夏（しょか）

書家 は、尻上がりに、初夏 は、尻下がりに発音する。

6　洗車と戦車（せんしゃ）

洗車 は、尻上がりに、戦車 は、尻下がりに発音する。

（４）　た行の語句の抑揚

1　殺陣（たて）**と縦**（たて）

殺陣 は、尻上がりに、縦 は、尻下がりに発音する。

2　蔓（つる）**と鶴**（つる）

蔓 は、尻上がりに、鶴 は、尻下がりに発音する。

3　伝記（でんき）**と電気**（でんき）

伝記 は、尻上がりに、電気 は、尻下がりに発音する。

（５）　な行の語句の抑揚

1　梨と無し

梨 は、尻上がりに、無し は、尻下がりに発音する。

2　楢 (なら) と奈良

　　楢 は、尻上がりに、奈良 は、尻下がりに発音する。

3　人気と任期

　　人気 は、尻上がりに、任期 は、尻下がりに発音する。

4　寝ると練る

　　寝る は、尻上がりに、練る は、尻下がりに発音する。

（6）　は行の語句の抑揚

1　背景と拝啓

　　背景 は、尻上がりに、拝啓 は、尻下がりに発音する。

2　橋と箸

　　橋 は、尻上がりに、箸 は、尻下がりに発音する。

3　服と吹く

　　服 は、尻上がりに、吹くは、尻下がりに発音する。

4　振ると降る

　　振る は、尻上がりに、降る は、尻下がりに発音する。

（7）　ま行の語句の抑揚

1　巻と蒔く

　　巻く は、尻上がりに、蒔く は、尻下がりに発音する。

2　道と未知

　　道 は、尻上がりに、未知 は、尻下がりに発音する。

3　面と麺 (めん)

面 は、尻上がりに、麺 は、尻下がりに発音する。

（8）　や行の語句の抑揚

1　酔いと良い
酔い は、尻上がりに、良い は、尻下がりに発音する。

2　陽気と容器
陽気 は、尻上がりに、容器 は、尻下がりに発音する。

3　野生と野性
野生 は、尻上がりに、野性 は、尻下がりに発音する。

（9）　ら行の語句の抑揚

1　落語と落後
落語 は、尻上がりに、落後 は、尻下がりに発音する。

2　良性と寮生
良性 は、尻上がりに、寮生 は、尻下がりに発音する。

（10）　わ行の語句の抑揚

1　和解と話会
和解 は、尻上がりに、話会 は、尻下がりに発音する。

2　割れと我（われ）
割れ は、尻上がりに、我 は、尻下がりに発音する。

5　知っていたい主要な言葉（慣用句）

（１）　「あ」に関する言葉

1　相見互い
　　お互いにその立場に同情して、助け合って行くこと。

2　阿吽（あうん）の呼吸
　　相撲の仕切りなどで、お互いの呼吸がピッタリと合うこと

3　青息吐息（あおいきといき）
　　非常に困った時に出す、元気のないため息のこと。

4　悪銭身につかず
　　悪いことで得たお金は、結局、悪いことで失ってしまうこと

5　明け透け（すけ）
　　なにごとも隠さず、かつ、遠慮せずに申し出ること。

6　あごが干上がる
　　収入がなくなり、生活が成り立たなくなってしまうこと。

7　足を引っ張る
　　他人が行っている活動や、成功へ向けた努力を邪魔すること。

8　唖然（あぜん）とする
　　あきれて、言葉が素直に出てこない様子になること。

9　呆気（あっけ）にとられる
　　何かに驚くと共に、そのことに呆れてしまうこと。

10　熱（あつ）ものに懲（こ）りる
　　過去の経験から、度が過ぎた用心をしてしまうこと。

11　頭が低い
　　威張らないで、周囲の人への配慮が適切にできること。

12 頭を抱える

　　困ったことがあって、どうしたら良いか分からなくなること。

13 軋轢（あつれき）を生む

　　周りの人々との間で、調和できない不穏な関係が生じること。

14 後腐れ（あとくされ）なく

　　済んだ後で、問題が蒸し返されないようにすること。

15 侮り（あなどり）がたい

　　その様子から、相手を軽んじてはいけないと感じること。

16 飴をしゃぶらせる

　　利益を得たいために、甘い言葉で相手を騙すこと。

17 虻蜂取らず

　　両方を求めようとして、かえってどちらも得られないこと。

18 嵐の前の静けさ

　　予測できる事態の前に、一時的に静かな時間が生れること。

19 あやかる

　　好ましく思っている人の生き方に、合わせたいと思うこと。

20 あられもない

　　若い女性が、だらしのない、乱れた様子でいること。

21 暗礁に乗り上げる

　　会議などで、行き詰まった状況が生じてしまうこと。

（2）　「い」に関する言葉

1 如何（いかが）わしい

本当かどうかが疑わしい様子のこと。

2 生き馬の目をぬく
　　他を出し抜いて素早く動き、自分だけがもうけること。

3 畏敬（いけい）の念
　　大きな貢献をしたような偉い人を、敬う気持ちのこと。

4 意固地（いこじ）になる
　　物事に対して、かたくな（頑固）な態度になること。

5 一線を画す
　　物事に対して、良否等の区別をはっきりさせること。

6 異彩を放つ
　　特殊な能力を持ち、それが際立っていること。

7 意趣（いしゅ）返し
　　相手からされたことに対して、仕返しをすること。

8 意匠を凝（こ）らす
　　衣服や商品のデザインについて、あれこれと工夫すること。

9 居候（いそうろう）になる
　　他人の家に同居し、その世話を受けて暮らすこと。

10 一糸みだれず
　　集団の動きや、物事の仕上り状況がきちんと揃うこと

11 一衣帯水（いちいたいすい）
　　一筋の帯を置いただけのように見える、狭い川のこと。

12 畏怖（いふ）の念をおこす
　　何かに対しておそれを抱き、かしこまってしまうこと。

13 いまいましい
　　腹立たしく、しゃくにさわる、という気分のこと。

14 戒める（いましめる）

悪い行為などに対し、注意や指導をおこなうこと。

15 忌（い）まわしい

恐ろしく、ぞっとするような気分になること。

16 今を時めく

現在、大きな期待を集めているということ。

17 意味深長

そのことには深い意味が隠されている、ということ。

18 苛立つ（いらだつ）

思い通りにならないため、神経がたかぶる様子のこと。

19 入り浸る（びたる）

酒場や娯楽施設などに、毎日のように通い続けること。

20 色を失う、色をなす

何かに驚いたり恐れたりした時に、顔色が変化すること。

21 言わずもがな

今更それを言っても、黙っているのと同じと言うこと。

22 陰鬱（いんうつ）になる

晴れ晴れしない、陰気な気分になってしまうこと。

23 因縁（いんねん）をつける

言いがかりをつけて、高圧的な態度でおどすこと。

24 隠棲（いんせい）する

世間から離れた場所に住み、静かに暮らすこと。

25 姻戚（いんせき）関係

結婚したために生じた、親戚関係のこと。

26 陰にこもる

人前に出てこないようになってしまうこと。

27　引導を渡す

　　葬儀で死者に対し、お坊さんが仏法上の宣誓を言うこと。

28　因縁（いんねん）をつける

　　根拠不明にもかかわらす、むりな要求をせまること。

29　隠滅（いんめつ）する

　　事実やその証拠となるものを、消し去ってしまうこと。

（3）　「う」に関する言葉

1　憂き目（うきめ）にあう

　　つらい思いが残るような、いやな経験をすること。

2　憂き身をやつす

　　体が痩せてしまうほど、夢中になる経験をしたこと。

3　烏合（うごう）の衆

　　烏（からす）の集団のように、規律がない集団のこと。

4　胡散（うさん）臭い

　　なんとなく怪しい感じがする様子のこと。

5　氏（うじ）素性が分からない人

　　家柄や、血筋が分からないような怪しい人のこと。

6　後ろ髪を引かれる

　　別れた後になっても、心残り（慕情）がすること。

7　後ろ指を指さされる

　　その人から離れた陰の方で、悪口などを言われること。

8　薄紙をはぐ

　　少しづつ病気が良くなっていくこと。

9　うそぶく

　　平気を装って、強がりを言うこと。

10　嘘（うそ）も方便

　　場合によっては、あえて嘘をつくことも必要ということ。

11　内輪（うちわ）もめ

　　家族や味方どうしの集団の中で、争い事が生じること。

12　鬱（うつ）の状態になる

　　心が晴れ晴れとしない様子が続くこと。

13　うつつを抜かす

　　正気を失ったように、何かに夢中になってしまうこと。

14　腕に撚り（より）をかける

　　普段よりも一段と腕前を上げて、その事に取り組むこと。

15　疎（うと）ましい

　　いやな感じがして、近づきたくないと言うこと。

16　うなされる

　　恐ろしい夢をみた時のような状態（気分）になること。

17　自惚れ（うぬぼれ）る

　　実態以上に、自分が優れていると思ってしまうこと。

18　馬が合う

　　お互いに、気持ちがしっくりして、雰囲気がよいこと。

19　海千山千

　　あらゆる経験をしてきた、悪がしこい振る舞いの人のこと。

20　有無を言わせず

誰かに対し、無理をしてでも何かを行わせようとすること。

21 埋め合わせる

貸し借りなどで生じた損失や、その不足分を補うこと。

22 恭しい（うやうやしい）

礼儀正しく、丁寧に振る舞う様子のこと。

23 うら悲しい

心の中に、何となく悲しい思いが潜んでいること。

24 うらぶれる

みじめな、寂しい気持ちになってしまうこと。

25 恭しい

礼儀正しく、丁寧に振る舞う様子のこと

26 裏をかく

通常の方法とは異なる手段によって、何かを行うこと。

27 裏表のある人

表向きと実際とで、言動に食い違いがある人のこと。

28 恨み言（うらみごと）をいう

憎らしい気持ちを隠しきれず、そのことを誰かに話すこと。

29 売り言葉に買い言葉

相手の声に対抗して、自分も威勢よく声をかけること。

30 うろちょろする

幼児のようにおちつかず、あちこち動き回る様子のこと。

31 うんちくを傾ける

学問上の深い知識をもって、議論を積み重ねていくこと。

32 うんぬん

この言葉で、これ以後の詳述を省略するということ。

（4）　「え」に関する言葉

1　栄華をつくす

　　地位や財力があって、栄えている様子のこと。

2　曳航（えいこう）する

　　ロープを使用して、船が他の船を牽引していくこと。

3　栄転する

　　勤め先において、今までよりも高い職位に転出すること。

4　鋭敏（えいびん）な人

　　感覚が鋭く、頭脳が優れている人のこと。

5　疫学（えきがく）的な調査

　　病気などの影響を、統計的な方法によって調査すること。

6　えげつない言い方

　　露骨で、いやらしい表現方法による言い方のこと。

7　えこひいきをする

　　特定の人だけに肩入れして、その人を高く評価すること。

8　得手勝手（えてかって）

　　自分勝手（わがまま）な行動をとること。

9　得（え）も言われぬ

　　なんとも言えない（美しさ）、と言うときの様子のこと。

10　縁起をかつぐ

　　神社の「おみくじ」の見立てなどをあてにすること。

11　遠慮会釈（えんりょえしゃく）もなく

　　相手の迷惑などは考えず、自分勝手に行動すること。

（5）　「お」に関する言葉

1　追い落とす
　　　後から行動して、先行する人の地位などをうばいとること。

2　応接にいとまがない
　　　他人の活動をはげましたり、仕事の加勢をすること。

3　嘔吐（おうと）を催す
　　　食べたものを吐いてしまうこと。

4　横柄（おうへい）な態度を示す
　　　威張って、他人を押しのけるような振る舞いをすること。

5　大盤（おおばん）振る舞い
　　　豪華に盛り付けた料理を振る舞って、客を歓待すること。

6　大船に乗った気持ち
　　　安心して身を任せられるような気分になること。

7　大風呂敷を広げる
　　　できもしない大きな話をすること。

8　大目玉を食らう
　　　ひどく叱られてしまうこと。

9　陸（おか）に上がった河童（かっぱ）
　　　得意なことが出来ない状況に置かれてしまった人のこと。

10　傍目八目（おかめはちもく）
　　　関係のない人がみると、かえって、善し悪しが分かること。

11　奥歯に物のはさまった言い方
　　　思ったことをはっきり言わず、隠すような言い方のこと。

12 臆病風（おくびょうかぜ）を吹かす

怖がって、おじけづいてしまうようになること。

13 遅れをとる

他の人に負けてしまうこと。

14 おくゆかしい

心づかいや態度が上品で深みがあり、つつしみ深いこと。

15 押し付けがましい

いかにも押し付けているように思える様子のこと。

16 おぞましい

ぞっとするようで嫌な感じがすること。

17 お茶を濁す

物事の真相をはっきりさせず、あいまいにしておくこと。

18 同じ釜の飯を食う

仲間が一緒になって生活し、同じ食事をして暮すこと。

19 鬼のかく乱

病気を知らないような人が、珍しく病気になること。

20 おぼれる者は、藁をもつかむ

危なくなった時は、どんな手段にも頼ろうとすること。

21 思い立つ日が吉日

日を選ばず、思い立ったらすぐ実行するのが良いということ。

22 思う壺にはまる

予期した通りになるということ。

23 思い半ばに過ぎる

それ以上言わなくても、大体の察しはつくということ。

24 思わせ振り

言葉や素振りで、それとなく分からせようとすること。

25 親の光は七光り

親の威光のおかげで、その子供が色々な面で得をすること。

26 親方日の丸

国の仕事は、国が面倒を見てくれるから安心ということ。

27 及ばずながら

十分ではありませんが…、ということ。

28 恩着せがましい

恩を着せようとしているだけだ、ということ。

29 恩便にすます

何事もなかったことにして、終了させてしまうこと。

30 恩和な生活

穏やかで、落ち着いた暮らしをするということ。

（6）　「か」に関する言葉

1 飼い犬に手をかまれる

世話をした人から、逆に圧力をかけられるようになること。

2 買いかぶる

実際以上に高い評価を下すこと。

3 凱歌（がいか）をあげる

戦いに勝って、大勢で勝ちどきをあげること。

4 外柔内剛（がいじゅうないごう）

やさしく見えながら、心の中はしっかりしていること。

5 外聞（がいぶん）が悪い

　　人に知られてしまうと、都合が悪い状況のこと。

6 顔が売れる

　　その人が、世間によく知られるようになること。

7 かき鳴らす

　　糸を張った楽器を勢いよく弾きならすこと。

8 隔世（かくせい）の感

　　著しく時代の違いを感じてしまうこと。

9 影で糸を引く

　　表に出ないで、自分の思い通りに人を動かそうとすること。

10 影がうすい

　　存在感が乏しく、印象が弱い人のこと。

11 影日向（かげひなた）なく

　　人が見ていても見ていなくても、変わる様子がないこと。

12 笠に着る

　　自分が属している、都合がよい立場を利用すること。

13 華燭（かしょく）の典

　　結婚式を挙げること。

14 掠め（かすめ）取る

　　相手が油断しているすきに、うばい取ること。

15 風を食らう

　　強い風のために、吹き飛ばされてしまうこと。

16 肩の荷を下ろす

　　今まで抱えていた大きな負担が、無くなること。

17 かたじけない

申し訳ないという意味を、かた苦しく表現した言い方。

18 **堅気**（かたぎ）**になる**

社会の裏側にいた人が、あらためて正業に就くということ。

19 **肩意地を張る**

含むところがあって、堅苦しい態度をとること。

20 **片棒をかつぐ**

仲間に入って、一緒に仕事をすること。

21 **型にはめる**

決まったやり方を押し付けること

22 **肩身がせまい**

自分に不都合な事情があって、恐縮する思いを抱くこと。

23 **語るに落ちる**

話をしているうちに、つい、本当のことを話してしまうこと。

24 **恰好をつける**

見た目を整えて、何も問題が無いようにみせかけること。

25 **火中の栗を拾う**

危険なことを承知で、敢えてそれをすること

26 **かなえの軽重を問う**

権威の座にいる人の正当性に、疑問を投げかけること。

27 **金縛り**（かなしばり）**になる**

お金の問題で、その人の自由が拘束されてしまうこと。

28 **金に糸目をつけない**

その事のためには、お金をいくらでもつぎ込むと言うこと。

29 **雷を落とす**

目上の者が、目下の者の行為に怒り、怒鳴りつけること。

30 醸し（かもし）出す

　　なごやかな雰囲気などが生れるように、手を尽くすこと。

31 可も無く不可も無し

　　そのことに対する評価が、良くも悪くもないと言うこと。

32 痒い（かゆい）所に手が届く

　　細部にまで気をくばり、必要な世話をすること。

33 枯れ木も山の賑わい

　　つまらないものでも、無いよりは益しだと言うこと。

34 変わり身が早い

　　情勢に応じてやり方を変えるなど、対応が上手なこと。

35 我（が）を張る

　　自分が抱えている意地を押し通そうとすること。

36 感慨無量

　　身にしみて思うことで、胸が一杯になってしまうこと。

37 勘気（かんき）をこうむる

　　問題が生じて、目上の人から叱責を受けてしまうこと。

38 閑古鳥（かんこどり）がなく

　　極端に寂（さび）れてしまうこと。

39 がんじがらめ

　　いろいろな要素が関係して、解決するのが困難なこと。

40 癇癪（かんしゃく）を起こす

　　怒りを一度にぶちまけて激しく怒ること。

41 歓心（かんしん）を買う

　　相手の心に上手にとりいること。

42 眼中にない

そのことについては問題にしないということ。

43 看板が泣く
建て前と実際とが全く違っていること。

44 完膚（かんぷ）なきまで
相手を、徹底的にやり込めてしまうこと、

45 感涙（かんるい）にむせぶ
感激して涙を流すと共に、むせび泣くようになること。

（7）　「き」に関する言葉

1 忌諱（きい）にふれる
目上の人の機嫌をそこねるような行いをすること。

2 聞いて極楽、見て地獄
実際は劣悪で、聞くのと見るのとでは大違いだということ。

3 気炎を揚げる
得意になって、元気のいい掛け声をあげること。

4 機が熟す
そのことを実行する時がきたと言うこと。

5 鬼気迫る
恐ろしいような気配が感じられると言うこと。

6 聞き耳を立てる
熱心に聞こうとして、注意を傾むけること。

7 気位（きぐらい）が高い
出身階級などを意識し、誇りを持った態度を示すこと。

8 木で鼻をくくる

　　素っ気ない態度をとること。

9 机上の空論

　　実際には役に立たないような議論を戦た交わすこと。

10 気勢を揚げる

　　活発に振る舞い、元気が良いところを見せつけること。

11 鬼籍（きせき）に入（い）る

　　人が死ぬことをこのように表現する。

12 機先を制する

　　戦い（スポーツを含む）において、先手をとること。

13 忌憚のない言葉

　　遠慮をしないで、真実をありのままに語る言葉のこと。

14 軌道に乗る

　　ものごとが順調に進行していくこと。

15 気の置けない

　　気を使わず、普段のままでいられる親しい関係のこと。

16 牙を研ぐ

　　相手をやっつけようとして、準備をすること。

17 気っ風（きっぷ）がいい

　　行動がさっぱりしていて、嫌みがない人のこと。

18 きびすを返す

　　戦い（戦争）で不利と判断し、急遽、引き返すこと。

19 気骨（きぼね）が折れる

　　大変な苦労を重ねてきた様子のこと。

20 気脈を通じる

ひそかに連絡を取り合って、気持ちを合わせること。

21 **機密**

大切に守るべきとされる秘密のこと。

22 **肝をつぶす**

非常に驚いた様子のこと。

23 **客観的に**

誰が見ても公平に見えるように判断し、措置すること。

24 **脚光を浴びる**

優れた事柄が、大勢の人々から注目を集めること。

25 **旧交を温める**

久しぶりに友達と会い、以前のように付き合うこと。

26 **九仞（きゅうじん）の功を一簣（いっき）に欠く**

成功しかけている事を、あと一歩のところで失敗すること。

27 **窮すれば通じる**

行きづまった時こそ、かえって道が開けるということ。

28 **窮鼠（きゅうそ）猫をかむ**

必死にやれば、弱い者でも強い者に勝てるということ。

29 **窮余（きゅうよ）の一策**

苦し紛れの時に、突然、良い解決方法を思いつくこと。

30 **胸襟（きょうきん）をひら**

打ち解けて、自分の気持ちを明かすようになること。

31 **器量を下げる**

男としての値打ちを下げてしまうこと。

32 **奇をてらう**

人の気を引くため、風変わりなことをすること。

33 気を吐く

　威勢のいいことをしきりに言い放つこと。

34 金科玉条とする

　その人が大切にしている生活信条を大事に守りぬくこと。

35 欣喜（きんき）雀躍（じゃくやく）

　良いことがあって、小躍りして喜ぶこと。

36 緊褌（きんこん）一番

　気持ちの引き締めを図った上で、仕事にのぞむこと。

（8）　「く」に関する言葉

1 苦学力行

　働きながら学校に通い、一所懸命に努力すること。

2 苦汁をなめる

　にがい思いがするような非常に辛い経験を積むこと。

3 管（くだ）を巻く

　酒に酔って、くどくどと喋ること。

4 口裏を合わせる

　お互いに、話の内容のすり合わせをすること。

5 口車に乗せられる

　話術が上手な人に、うまく誤魔（ごま）かされること。

6 くちばしが黄色い

　話術が未熟で、騒々しくしゃべるだけの人のこと。

7 くちばしを入れる

割り込んできて、余計な口出しをすること。

8　口火を切る

会話の盛り上げを図るため、最初に発言すること。

9　食ってかかる

激しい口調で相手にせまっていくこと。

10　苦肉の策

自分の意見を犠牲にして、ようやくまとめた策のこと。

11　国破れて山河あり

戦いで国は亡びたが、自然の姿は元のままだということ。

12　首が回らない

借金が多くて、どうにもならない様子のこと。

13　首をひねる

意味が分からないで、考え込む様子のこと。

14　雲をかすみと

一目散に逃げて、姿を消してしまうこと。

15　雲をつかむような

事情がはっきりせず、捉えどころがない様子のこと。

16　暮らしが立つ

生活を続けて行くだけの、経済的な余裕があること。

17　車の両輪

お互いに、離れることが出来ない関係にあること。

18　軍門に下る

負けを認めて降参すること。

（9）　「け」に関する言葉

1　芸がない
　　平凡すぎて、味わいがないこと。

2　軽挙盲動
　　軽はずみな行動をとって、迷惑をかけること。

3　芸は身を助ける
　　芸事は、貧乏になった時に役に立つということ。

4　鶏群（けいぐん）の一鶴
　　一羽の鶴だけが、際立って目立っている様子のこと。

5　蛍雪の功を積む
　　たいへんな努力をして、学問を積み重ねること。

6　逆鱗（げきりん）に触れる
　　えらい立場の人を、ひどく怒らせてしまうこと。

7　下種（げす）のかんぐり
　　心のいやしい者は、下品な推測をするということ。

8　血気にはやる
　　むこう見ずに、物事を勢いよく実行すること。

9　けむりに巻く
　　大げさなことを言って、うまくごまかすこと。

10　結末をつける
　　物事を終わりにしようとすること。

11　仮病を使う
　　病気のように見せかけること。

12　けむりに巻く

　　　大げさなことを言って、うまくごまかすこと。

13　けりをつける

　　　物事の決着を付けること。

14　言を左右にする

　　　いろいろ言うが、はっきりした返事がないこと。

15　けんかを売る

　　　喧嘩（けんか）を仕掛けること。

16　けんかを買う

　　　喧嘩（けんか）の相手を引き受けること。

17　嫌疑（けんぎ）がかかる

　　　事件に関わりがある人のように疑われること。

18　言語に絶する

　　　いくら聞かれても、答えようがない状況のこと。

19　言辞（げんじ）を弄（ろう）する

　　　相手をばかにしたような態度の言い方をすること。

20　捲土重来（けんどじゅうらい）

　　　一度失敗をした人が、再び、全力で巻き返しをはかること。

21　言を左右にする

　　　言うことがあれこれと変化して、意味が定まらないこと。

（10）　　「こ」に関する言葉

1　光陰矢のごとし

月日が経つのは誠に早いものだ、ということ。

2　効を奏する

いろいろ試した結果、やっと効果がでたと言うこと。

3　業（ごう）を煮やす

がまんが出来なくなってしまうこと。

4　後悔先に立たず

起こってから後悔しても、どうにもならないこと

5　口角泡を飛ばす

口から飛沫が飛ぶほど、激しく口論をすること。

6　巧言令色

お世辞を言うなど、気を引くような話しを巧みにすること。

7　後顧（こうこ）の憂い

自分が居なくなった後のことまで心配すること。

8　功罪相半ばする

功と罪が半々で、どちらに評価するか分からないこと。

9　好事魔（こうじ、ま）多し

良い事にはとかく邪魔が入るものだ、ということ。

10　後進に道を開く

後輩に道を譲って、自らは引退すること。

11　後塵を拝する

すぐれた人の後ろについて行くこと。

12　公道をふむ

正しいおこないをすること。

13　功なり名遂げる

物事に成功して、世間に名前が知られるようになるよと。

14　口吻（こうふん）を漏らす

　　言葉の端々に、それとなく気持ちが表れること。

15　こうべを垂れる

　　頭を下げる（又は、うなだれる）ということ。

16　紺屋の白ばかま

　　他人の世話ばかりで、自分のことがおろそかなこと。

17　甲羅（こうら）を経る

　　年功を積むということ。（甲羅は亀の「こうら」のこと）

18　紅涙（こうるい）をしぼる

　　悲しい内容の小説などで、女性を泣かせること。

19　弘法も筆のあやまり

　　名人や達人でも、時には失敗することがあること。

20　御機嫌斜めならず

　　大変に機嫌が良い様子であるということ。

21　子気味が良い

　　いかにも気持ちがよいこと。

22　故郷へにしきを飾る

　　立身出世をした人が、晴れ晴れと故郷へ帰っていくこと。

23　黒白をつける

　　善と悪とをはっきりさせようとすること。

24　極楽とんぼ

　　仕事もしないで、気楽に過ごしている人のこと。

25　孤軍奮闘（こぐんふんとう）

　　ただ一人で、懸命に努力をしている様子のこと。

26　呱呱（ここ）の声をあげる

赤ん坊が、生れ出るときに最初に泣くこと。

27 糊口（ここう）をしのぐ

おかゆ程度の食事で、やっと生きていること。

28 腰巾着

いつも勢力のある人に従って、離れないような人のこと。

29 腰を折る

途中で邪魔を入れ、会話の進行を止めてしまうこと。

30 古色蒼然（こしょくそうぜん）

色艶に趣があり、いかにも古い品物のように見えること。

31 骨肉相食む

肉親同士によって、お互いに醜い争いを続けること。

32 心を鬼にする

気の毒だと思いながら、敢えて冷たい仕打ちをすること。

33 事なかれ主義

常に、面倒がおこらないように願う暮しぶりのこと。

34 事ここに至る

ここまで来てしまうと、どうしようもないということ。

35 東風（こち）

主に東北地方で東側から強く吹く、季節風のこと

36 御都合主義

自分に都合よく振る舞い、定まった考えを持たないこと。

37 こびを売る

お世辞を使って、お客にへつらうこと。

38 御幣（ごへい）をかつぐ

縁起をかつぐこと。（御幣とは神前に供える飾りのこと）

39 駒を進める
　　戦いにおいて、堂々と前方へ進出していくこと。

40 ごまを擂る（する）
　　おべっかを使って取り入り、利益を得ようとすること。

41 魂胆（こんたん）
　　悪い企みのこと。

42 根（こん）を詰める
　　休まず、一心不乱に仕事を続けること。

（11）　「さ」に関する言葉

1 採算がとれる
　　商売で、売り上げと経費とのつり合いが取れること。

2 才色兼備
　　才知と顔立ちの両方が、ともに優れていること。

3 祭政一致
　　神を祭ることを政治の根本とする、施政のあり方のこと。

4 財布の底をはたく
　　持っているお金を全て払い出すこと。

5 先をあらそう
　　自分が一番先になろうとして、順番を争うこと。

6 先んずれば人を制す
　　真っ先に行えば、他の人に勝つことが出来るということ。

7 策を弄（ろう）する

いろいろと、小細工を仕掛けていくこと。

8 酒にのまれる

酒を飲みすぎて、正気を失ってしまうこと。

9 砂上の楼閣（ろうかく）

基礎がしっかりしていないため、崩れやすいということ。

10 差す手、引く手

役者が舞台で踊る際にみせる、手指のあしらい方のこと。

11 殺気（さっき）立つ

荒々しい心状が、その人の態度に現れている様子のこと。

12 さまにならない

少しも格好がつかない、礼儀作法の様子のこと。

13 さめやらぬ

興奮した状態が、まだ覚めきっていない様子のこと。

14 去る者は追わず

出て行く気持ちの人は、追わない方が良いということ。

15 猿も木から落ちる

達者な人でも、時には間違うことがあるということ。

16 触らぬ神にたたりなし

面倒なことには、手出しをしない方が良いということ。

17 三顧（さんこ）の礼

何かを頼むために、何回も訪問して礼儀を尽くすこと。

18 燦然（さんぜん）と

宝物などが、美しく輝くこと。

19 惨憺（さんたん）たる

見ていられないような、酷たらしい様子であること。

20　三人寄れば文殊の知恵
　　　三人が集まって知恵を絞れば、素晴らしい成果がでること。
21　賛美（さんび）する
　　　美しい物などを、ほめたたえること。

（12）　　「し」に関する言葉

1　思案にあまる
　　　どうしたら良いかが、分からないこと。
2　自意識過剰
　　　他の人が自分に興味を持っているかを、気にしすぎること。
3　仕掛ける
　　　相手に対して、所定の行動を起こすこと。
4　しかしながら
　　　接続詞の「しかし」に、口語的な機能が加わったもの。
5　しがない
　　　取るに足らない人のこと。（自分を卑下した言い方）
6　敷居が高い
　　　義理を欠いたりして、その家に寄りにくいこと。
7　忸怩（じくじ）たる思い
　　　心の中で自分をはずかしく思うこと。
8　しぐれる
　　　しぐれ（晩秋に降る雨）が降ってきたと言うこと。
9　扱く（しごく）

武道などの稽古において、厳しく指導すること。

10　地獄の沙汰も金（かね）次第

　　　世の中は,すべてお金次第、と言う自虐視感的な考え方のこと。

11　事実は小説よりも奇なり

　　　現実の事件は、小説よりも複雑怪奇であるということ。

12　事実無根

　　　事実だと言う根拠はどこにも無いということ。

13　視線をあびる

　　　多くの人達から、一斉に注目されること。

14　舌がまわる

　　　つかえもせずに、すらすらとしゃべること。

15　下にも置かないもてなし

　　　客人として丁寧にお迎えし、歓待すること。

16　自他ともにゆるす

　　　自分が優れていることを、他人も認めるということ。

17　舌を巻く

　　　その出来栄えに感心して、驚いた様子のこと。

18　下手（したて）にでる

　　　へりくだって、丁寧な態度をとること。

19　死中に活を求める

　　　助かりそうもない状況の中で、生きる方法を探すこと。

20　十把一絡げ

　　　特に差別をしないで、ひとまとめにすること。

21　しっぽを出す

　　　隠していた正体を明らかにしてしまうこと。

22 しっぽを振る
　　自分に都合の良い人のご機嫌をとること。

23 死に花を咲かせる
　　後に名誉が残せるように、立派な死に方をすること。

24 しのぎを削る
　　成果を上げるために、お互いに激しく争うこと。

25 死馬（しば）にむちを打つ
　　すでに辞めた人を相手に、責め立てること。

26 芝居を打つ
　　他人をだまそうとして、うその行動をとること。

27 自腹を切る
　　必要な額のお金を、その人が個人で用立てること。

28 しびれをきらす
　　待ちきれないような状態になること。

29 私腹をこやす
　　悪い方法を使って、自分の財産を増やそうとすること。

30 搾り（しぼり）あげる
　　威圧をかけて、むりやりお金を支出させること。

31 始末におえない
　　その人の力量では、物事の処理ができないということ。

32 示し合わせる
　　事前に相談して、何かを決めておくこと。

33 示しがつかない
　　躾（しつけ））のための良い手本ではないと言うこと。

34 蛇（じゃ）の道はへび

同類の者がする事柄は、お互いに良く分かると言うこと。

35 釈迦（しゃか）に説法

　　すべてを知る人に何かを教えようとしても、無駄と言うこと。

36 杓子定規なやり方

　　一つの見方だけで、何事でも決めようとすること。

37 しゃしゃりでる

　　あつかましく前の方に出る（出しゃばる）こと。

38 朱に交われば赤くなる

　　付き合う相手によって、良くも悪くもなると言うこと。

39 執念深い

　　いつまでも忘れずに、自分の気持ちを通そうとすること。

40 雌雄を決する

　　最後に残った者同士で、決戦をおこなうこと。

41 周章（しゅうしょう）狼狽（ろうばい）

　　うろたえたり、あわてふためくこと。

42 重箱の隅をつつく

　　ごく小さなつまらないことにまで、うるさく言うこと。

43 主客（しゅかく）転倒

　　物事の価値やその評価が逆になってしまうこと。

44 手中に収める

　　欲しかったものを、自分の物にすること。

45 朱筆（しゅひつ）を入れる

　　赤鉛筆で、原稿などの文書に訂正をいれること。

46 春宵（しゅんしょう）一刻、値（あたい）千金

　　春の宵は、非常に値打ちがあると言うこと。

47 順風満帆（じゅんぷうまんぱん）
　　物事が極めて順調に進んでいること。（帆船航海の喩え）

48 春眠暁をおぼえず
　　春の夜は短く、夜が明けたのも分からないこと。

49 情にもろい
　　人の情に対して、人の心が動かされやすいこと。

50 常軌（じょうき）を逸する
　　普通の行動から外れた、通常ではない行動のこと。

51 情状酌量（じょうじょうしゃくりょう）
　　同情できる事情を考慮して、刑罰を軽くすること。

52 小心翼翼（しょうしんよくよく）
　　用心深く臆病で気が小さく、たえずびくびくしていること。

53 執念深い
　　いつまでも忘れずに、その気持ちを押し通そうとすること。

54 所詮は…
　　いろいろ言っても、結局のところは…、ということ。

55 掌中（しょうちゅう）に収める
　　気に入ったものを、自分のものにしてしまうこと。

56 焦眉（しょうび）の急
　　何か、重大な事態が差し迫っているということ。

57 食指を動かす
　　好きだと思うものを欲しがる、その人の態度のこと。

58 女子と小人は養いがたし
　　女と心の狭い人間は、どちらも扱いにくいということ。

59 尻に火が付く

大事な物事が、差し迫っていること。

60　尻をぬぐう

　　他人がした失敗の後始末をすること。

61　尻込みをする

　　関わりにならないように、遠ざかること。

62　しんがりを務める

　　隊列の末尾に位置して、落後者を防ぐ役目をすること。

63　仁義を切る

　　渡世人（やくざ）が、初対面の挨拶をすること。

64　辛酸（しんさん）をなめる

　　ひじょうな苦しみを味わい尽くすこと。

65　針小棒大（しんしょうぼうだい）

　　小さなことを、大げさに言ってしまうこと。

66　人生意気に感ず

　　人は、お金や名誉のために働くのではないと言うこと。

67　深窓（しんそう）に育つ

　　子女が大切にされ、行き届いた環境の下で育つこと。

68　心臓に毛が生えている

　　非常にずうずうしく振る舞うような人のこと。

69　心胆を寒からしめる

　　人の心を震え上がらせるような特別なこと。

（13）　「す」に関する言葉

1 酸 (す) いも甘いもかみ分けた
　　あらゆる経験を積んで、出来上がった人の様子こと。

2 水泡に帰す
　　すべての物事が無駄になってしまうこと。

3 縋り (すがり) つく
　　自分の生活が劣悪で、誰かを頼りにしようすること。

4 好きこそ物の上手なれ
　　すきな事だからこそ、熱心にやれば上手になるということ。

5 数寄を凝らす
　　風流な趣向の造作をあちらこちらに施すこと。

6 素っ破抜く
　　人が秘密にしている事柄をあばき、他人に教えること。

7 すずめ百まで踊り忘れず
　　小さい時の習慣は、年をとっても忘れないということ。

8 捨てる神あれば拾う神あり
　　見すてられても、誰かが助けてくれるということ。

9 砂をかむような
　　味や興味が全く感じられない、ということ。

10 図にのる
　　勝手に、調子のよい振る舞いをすること。

11 すねに傷をもつ
　　人に知られると困るような過去がある、ということ。

12 図星を指される
　　秘密にしていた事柄を「ずばり」と当てられること。

(14) 「せ」に関する言葉

1 **青嵐の志**（こころざし）
　　若人が立身出世を願って心身を鍛える、その心構えのこと。

2 **生殺与奪**（せいさつよだつ）**の権をにぎる**
　　自分が思う通りの施策によって、物事を実行すること。

3 **清濁あわせ飲む**
　　心を広く持ち、どのような人でも受け入れるということ。

4 **声涙**（せいるい）**ともにくだる**
　　涙を流しながら、自分の思いを熱烈に語ること。

5 **席の温まる暇がない**
　　非常に忙しく、落ち着いていられない状況だということ。

6 **赤貧**（せきひん）**洗うがごとし**
　　貧しいため、家財もなにも無い様子のこと。

7 **席を汚す**（けがす）
　　高い地位にある者が、その地位を謙遜した言い方である。

8 **堰**（せき）**を切ったように**
　　物事が、ある時に一斉に動き出すこと。

9 **背に腹は替えられず**
　　差し迫る大事のためには、他の事は構わないということ。

10 **背筋が寒くなる**
　　怖い場面に遭遇して、背中に悪寒（おかん）を感じること。

11 **是非におよばぬ**
　　仕方がない、やむを負えない、と言う意味のこと。

12 台詞 (せりふ) まわし

　　舞台劇等における、特有の言葉の使い方のこと。

13 前車の轍 (てつ) をふむ

　　前の人と同じような間違いをしてしまうこと。

14 全身全霊を打ち込む

　　色々な物事に対し、一所懸命になって立ち振る舞うこと。

15 前人未到

　　今までに、誰も行ったことがないこと。

16 栴檀 (せんだん) は双葉より芳し (かんばし)

　　才能がある人は、子供の頃から飛びぬけているということ。

17 前門の虎、後門の狼 (おおかみ)

　　前後に、災難や危機が迫っているということ。

(15)　　「そ」に関する言葉

1 足跡 (そくせき) を印す

　　その人が残した、社会的に価値がある業績のこと。

2 袖 (そで) にする

　　それまで関係した特定の人を、意識的に無視すること

3 そで振り合うも他生 (たしょう) の縁

　　旅で出会うのも、それなりに縁があるからだということ。

4 其 (そ) の場しのぎ

　　その時だけでも、なんとか切り抜けたいということ。

5 反りが合わない

性格や考え方が違って、しっくりしないということ。

6　算盤（そろばん）をはじく

すぐに損得勘定を意識してしまうこと。

7　存じ上げる

知っている、を謙譲語の形式をもって表現した言葉。

（16）　「た」に関する言葉

1　対岸の火事視する

自分には関係が無い、と言う態度と顔付きをすること。

2　大儀名分（たいぎめいぶん）

すべての行動の基準となるべき理屈や道理のこと。

3　大言壮語（たいげんそうご）

その人が実力以上の大げさなことを言い放つこと。

4　大事の前の小事

大事を成そうとする時は、小事にも気を付けろということ。

5　大車輪の活躍

自分の体を目一杯につかって一所懸命に働くこと。

6　大所高所に立つ

広い視野と大局的見地に沿った考えに依るということ。

7　大尽風（だいじんかぜ）を吹かせる

大金持ちであることを見せつけて、威張ること。

8　第六感が働く

直感（または勘）が働いて、世の中の動きが予測できること。

9　たがが緩（ゆる）む

　　たがが緩むと水漏れが生じると言う、いましめである。

10　高飛車にでる

　　相手の頭を押さえつけるような、高圧的な態度のこと。

11　たけなわ

　　真っ盛り、あるいはその最中、という意味。

12　打算的な

　　自分の損得を優先して行動するような生活態度のこと。

13　たしなむ

　　心がける、好む、慎む、を言い表わす丁寧な言葉である。

14　たたずまい

　　その雰囲気から感じとれる、施設の雰囲気のこと。

15　畳の上の水練

　　実際には役に立たないような練習をすること。

16　玉のこしに乗る

　　身分や財産がある人に嫁ぎ、優美な生活をおくること。

17　堪り兼ねる

　　我慢（がまん）ができなくなること。

18　駄目を押す

　　現在おこなっている行為に対して、さらに念を押すこと。

19　袂（たもと）を分かつ

　　今まで一緒に行動していた人と、別れること。

20　たらい回し

　　当番や役割りなどを、順序良く持ち回ること。

21　だれ憚（はばか）らず

誰にも遠慮をしない、と言うこと。

22 **断じて**

決して、断固として、と同様な意味に用いられる言葉。

23 **断腸の思い**

辛くて堪えきれないような様子のこと。

24 **耽美**（たんび）

美におぼれ、美が最も優れたものだとする考え方のこと。

（17）　「ち」に関する言葉

1 **知恵が回る**

頭がはたらいて、良い知恵が次々に出てくること。

2 **地下にもぐる**

政治的な色彩が伴う活動を、隠蔽しながら行うこと。

3 **地に足のついた**

実情を見極めながら、じっくりと行動すること。

4 **血の汗を流す**

非常に苦しい努力を重ねること。

5 **血の涙を流す**

堪えきれないほどの、多くのつらい思いをすること。

6 **血道をあげる**

何かに熱中して、夢中になってしまうこと。

7 **昼夜を分**（わ）**かたず**

昼も夜も区別をせずに、と言うこと。

8　調子（ちょうし）にのる

　　その行為が上達し、いい具合になってきたこと。

9　提灯（ちょうちん）に釣り鐘（がね）

　　その二つには、つり合いがとれていないと言うこと。

10　ちょっかいを出す

　　話の途中で横から割込み、無駄口を入れること。

11　緒（ちょ）につく

　　その人の話が順調に進み始めたこと。

12　沈黙を破る

　　静止していた活動などを、再び開始すること。

（18）　「つ」に関する言葉

1　追随を許さない

　　群（むれ）を抜いて、その水準が高いこと。

2　通俗的

　　分かりやすく、世間で良く見られるような生活行動のこと。

3　つかみどころ

　　その事の中心となる、大事な部分のこと。

4　月とすっぽん

　　その差が大きすぎて、比較することが出来ないこと。

5　付けが回ってくる

　　その人が行ったことへの報い（むくい）が返ってくること。

6　土に親しむ

耕作（農業）活動に従事すること。

7　つつみ隠す
　　秘密にして、他人に教えないようにすること。

8　つむじを曲げる
　　気分を壊して、不機嫌になること。

9　詰め腹を切らせる
　　むりやり辞職に追い込んでしまうこと。

10　面の皮が厚い
　　その人が、厚かましい態度をとること。

11　面よごし
　　社会的な立場がなくなってしまうような事件を起こすこと。

12　鶴の一声
　　権威ある人が言う、極めて重要な意味を持つ言葉のこと。

13　つれずれ
　　することがなくて、たいくつなこと。

14　つれない
　　知らないような振りをすること。

（19）　「て」に関する言葉

1　手合わせ
　　将棋などの遊びごとの相手をして、勝負を競うこと。

2　手が込む
　　手間がかかって複雑なこと。

3　手がすく

　　他のことをするだけの余裕があること。

4　手刀をきる

　　相撲で、勝った力士が賞金を受け取る時の所作のこと。

5　梃（てこ）入れ

　　事業を助けるため、資金の援助等の支援をすること。

6　でっちあげる

　　実際には無いことを、あるように創作すること。

7　手玉にとる

　　自分の都合に合わせて、相手を自由に操ること。

8　手にあまる

　　自分の力量を超える、持て余すようなこと。

9　手も足もでない

　　どうしようもない事態のこと。

10　手を打つ

　　もめ事などが解決（和解）するよう、対策をとること。

11　手を焼く

　　始末がつけられずに、もてあそぶこと。

12　手の裏を返す

　　態度や言うことが、今までとまったく違ってしまうこと。

13　溺愛（できあい）する

　　子供などを、理性を失うほど、むやみに可愛がること。

14　出来心

　　何となく悪い行為に走らせてしまう心理状態のこと。

15　天塩にかける

生まれた時から面倒を見続けて、世話をすること。

16　てんてこまい

大勢の人手が欲しいほど、忙しい状況にあること。

（20）　「と」に関する言葉

1　とうが立つ

野菜などの茎が成長しすぎ、食材に適さなくなること。

2　灯火を親しむ

読書に親しむ（夜も本が読める）ということ

3　陶酔する

うっとりとした気分（心境）に浸ること。

4　堂々めぐり

決着が付かず、議論が空回りをしていること

5　同病あい憐（あわ）れむ

同じ病気や境遇の人たちが、同情しあうこと。

6　遠目がきく

遠いところまで良く見えること。

7　度肝（ぢぎも）を抜く

仕掛けをして、他の人をびっくりさせること。

8　どこ吹く風

知っていても、知らない振りをすること。

9　年端（としは）もいかぬ

まだ幼い人のことを形容する場合の言い回し。

10 毒気を抜かれる

　相手の出方が予想外で、悪口を言うのも忘れること。

11 突拍子も無い

　常識外れの、または、とんでもないという意味のこと。

12 取って付けた

　その事に、わざとらしさや、不自然さがあること

13 徒党を組む

　仲間を集めて、悪いことのために結束を図ること。

14 飛ぶ鳥を落とす勢い

　その人の勢力が非常に強いことを表わす、比喩的な言い方。

15 途方もない

　あきれるほど大袈裟な状況ということ。

16 取り留めがない

　要領を得ないような状況ということ。

17 取るに足りない

　取り上げるだけの価値がないということ。

18 泥を塗（ぬ）る

　人の名誉を汚（けが）してしまうこと。

19 どんぐりの背くらべ

　どれも平凡で、大した差がないこと。

（21）　　「な」に関する言葉

1　ないがしろにする

思い入れがなく、物事を粗雑に取り扱うこと

2 無い袖は振れぬ

何もない状態であれば、どうにも出来ないこと。

3 長い物には巻かれろ

強い物には、歯向かわない方が良いということ。

4 長い目で見る

いつまでも気にかけて、成り行きを見届けること。

5 泣きを入れる

不始末をした時などに、泣いてお詫びをすること。

6 泣きっ面に蜂

悪いことの後に、また悪いことが重なって起きること。

7 泣かず飛ばず

良い時期がくるまで、じっと我慢をしていること。

8 情けがあだとなる

好意でしたことが、かえって良くない結果になること。

9 なだれを打つ

多くの人が同時に激しく移動する様子のこと。

10 七転び八起き

何回失敗しても、その都度立ち上がって努力すること。

11 生木を裂く

親しい間柄の人との関係を、無理やり引き離すこと。

12 涙に暮れる

何も見えなくなるほど、激しくなくこと。

13 涙をのむ

悔しさを必死にこらえること。

14 鳴りをひそめる
　　物音を立てずに、静かにしていること。

15 難癖をつける
　　人の欠点をあげて、意識的にけなすこと。

(22)　　「に」に関する言葉

1 荷が勝ちすぎる
　　その人に対する責任や負担が重すぎること。

2 煮え湯を飲まされる
　　非常に辛い目にあわされること。

3 二階から目薬
　　それを行っても、効き目（効果）がないこと。

4 憎んでも余りある
　　いくら憎んでも十分とは言えないほどのこと。

5 逃げるが勝ち
　　面倒なことにかかわらず、逃げた方が良いと言うこと。

6 錦（にしき）を飾る
　　立身出世をして、堂々と故郷へ帰ること

7 二足のわらじを履く
　　ばくち打ちが、それを取り締まる目明しの職に就くこと

8 二兎を追う
　　同時に二つの事柄に挑戦すること。

9 二の舞を演じる

他の人の失敗と同じような失敗をくり返すこと。

10　似ても似つかぬ

　　すこしも似てはいないと言うこと。

11　人間疎外

　　社会の中で、人間性やその個性を失ってしまうこと。

（23）　　「ぬ」に関する言葉

1　抜き差しならぬ

　　どうにもならないような状態になっていること。

2　抜け駆けの功名

　　他の人を出し抜いて立てた手柄のこと。

3　抜け目がない

　　ずるがしこく立ち回って、利益を得ようとすること。

4　濡れ衣（きぬ）を着せられる

　　実際には犯していないような罪を着せられること

5　濡れ手で粟（あわ）

　　やすやすと、たくさんの利益を得ようとすることの喩え。

（24）　　「ね」に関する言葉

1　猫に小判

　　何の役にも立たないと言うこと。

2 猫の手も借りたい

　人手が足りないため、非常に忙しく大変な状況にあること。

3 寝覚めが悪い

　悪いことをして、良心に苦しめられること。

4 ねじを巻く

　励ましたり、注意をしたりすること。

5 寝た子を起こす

　かえって悪い結果を招くような、無駄なことをすること。

6 寝耳に水

　出し抜けの出来事で、びっくりすること。

7 根も葉もない

　根拠のない、でたらめ（言いがかり）だと言うこと。

8 年季を入れる

　何年も同じ仕事をしていて、手慣れてしまうこと。

（25）　「の」に関する言葉

1 能動的な

　物事に対して、自ら進んで行動を起こすこと。

2 のさばる

　人々の前で、無遠慮な振る舞いをすること。

3 のどから手が出る

　どうしても欲しい物があって我慢が出来なくなること。

4 のべつ幕無しに…

無駄な話などを、絶え間なく延々と続けること。

5　のぼせ上がる

自分が、実力があると思い込んでしまうこと。

6　のめり込む

強い関心があって、そのことに入れ込むこと。

（26）　「は」に関する言葉

1　徘徊する

家人に知らせず、その辺りを一人でうろつき回ること。

2　背走する

戦いに負けて、敵を背にして逃げ廻ること。

3　生え抜き

その土地で生まれ、その土地で育ったこと。

4　ばか正直

正直ではあるが、物事への応用が利かない人のこと。

5　ばかの一つ覚え

決められたことしかできず、物事の融通がきかないこと。

6　歯が浮くような

まともに聞いていられない程の、いやなお世辞のこと。

7　掃き溜めに鶴

凡人ばかりのところへ、優れた人が入ってくること。

8　馬脚を現す

隠していた正体を現わしてしまうこと。

9 化けの皮がはがれる

   隠していた正体が、分かってしまうこと

10 拍車をかける

   今までよりも、より一層の勢力を込めて仕事をすること。

11 薄氷を踏む

   非常に危ない（危険な）行動をとること。

12 弾みをくらう

   何かのあおりを受けて、体勢が動くこと。

13 罵声を浴びる

   他人から批難の悪口（ののしり）を受けること。

14 箸にも棒にもかからぬ…

   全く手に負えないような様子のこと。

15 鉢合わせる

   思いがけない場所で、知った人と突然に出会うこと。

16 鼻息をうかがう

   相手の機嫌を損なわないように、気を遣うこと。

17 話が噛み合わない

   話そうとする事柄の焦点が一致しないこと。

18 歯に衣（きぬ）きせぬ

   遠慮せずに、思ったことをはっきり言うこと。

19 鼻の先であしらう

   馬鹿にした態度で、相手を冷たくあしらうこと。

20 鼻の下が長い

   男性が、女性に対して甘い態度をとる様子のこと。

21 鼻もちならない

いやらしくて、我慢ができない様子のこと。

22 破竹の勢い

とても激しく、抑えるのが困難なほどの勢いのこと。

23 幅を利かせる

勢力を振い、我が物顔で行動するような態度のこと。

24 発破をかける

その人に、動機付けのための働きかけを行うこと。

25 波紋を投げる

物事に影響を及ぼすようなことを実行すること。

26 馬齢を重ねる

ただ生きているだけのような暮らし方をしていること。

27 破廉恥な振る舞い

人前で、恥知らずな振る舞いをすること。

28 反旗を翻す

その事態を了解とせず、それに反対すること。

(27) 「ひ」に関する言葉

1 干上がる

水田などが、水が無くなりカラカラの状態になること。

2 びくともしない

動かそうとしても、すこしも動く様子がないこと。

3 引け目を感じる

自分が劣っていると思ってしまうこと。

4　非業の最後

　　思いがけない災難にあって死んでしまうこと。

5　膝（ひざ）を交える

　　お互いに、打ち解けた雰囲気の下で交流をすること。

6　ひじ鉄砲を食わす

　　嫌がって、肘で相手を突き飛ばすこと。

7　額を集める

　　周りに聞こえないよう、互いに頭を近づけて話し合うこと。

8　一泡ふかせる

　　論争において、相手をやり込めてしまうこと。

9　一筋縄では行かない

　　普通の手段では、思うような結果にはならないこと。

10　一旗あげる

　　事業を開始しようとして、そのことを公言すること。

11　日の目をみる

　　うずもれていた事柄が、世の中に公表されること。

12　火ぶたを切る

　　戦いや競技などを開始する（その合図をする）こと。

13　表裏一体

　　切り離すことが出来ない深い関係にあること。

14　疲労こんぱい

　　疲れ果てて、体が動かなくなってしまう状態のこと。

15　ひんしゅくを買う

　　はしたない行為をして、周りから嫌がられること。

(28) 「ふ」に関する言葉

1 **不意をつく**
　　相手が思ってもいなかった行動を仕掛けること。

2 **分が悪い**
　　相対的にみて、明らかに形勢が不利であること

3 **風月を友とする**
　　風流な屋敷に住み、風流な生活をおくること。

4 **不覚をとる**
　　物事に対して油断をしたため、失敗をしてしまうこと。

5 **不幸中の幸い**
　　不幸なことが続く中での明るい話題のこと。

6 **不審を買う**
　　周りの人達から、疑問の声を提起されてしまうこと。

7 **不退転の決意**
　　心の中に、後には引かないという意思を秘めること。

8 **不定愁訴**（しゅうそ）
　　これと言った原因がないのに感じる体の不調のこと。

9 **懐が深い**
　　どのような人でも受け入れるような、包容力があること。

10 **不評を買う**
　　世間の評判があまり良くないこと。

11 **ふびん**
　　哀れで、可哀そうな様子のこと。

12 **憤慨**（ふんがい）
　　不当な扱いに対して、おこること。

13 **踏んだりけったり**
　　世間の対応が、酷い扱いをするのと似ていること。

（29）　「へ」に関する言葉

1 **辟易**（へきえき）
　　思ったような<u>まともな</u>事柄ではなく、がっかりすること。

2 **へそを曲げる**
　　その人が機嫌を悪くしてしまうこと。

3 **べそをかく**
　　子供が、泣きそうな様子になってしまうこと。

4 **へそくり**
　　倹約して、密かに貯めた少額のお金のこと。

5 **へそまがり**
　　物事を、恣意的にずらして受け止め、素直でないこと。

6 **下手の横好き**
　　上手ではないのに、それをするが大好きなこと。

7 **別条**（べつじょう）**はない**
　　生命を心配するほどの悪い状態ではないと言うこと。

8 **へのかっぱ**
　　その事に対しては、何とも思わないと言う意味のこと。

9 **べっぴんさん**

若くて美しい女性を形容する場合の、男性側からの言い方。

10 べらぼう

　　度が過ぎる人の態度を、このように形容することがある。

11 へらずぐち

　　負け惜しみを言う際に使われる、憎まれ口のこと。

12 屁理屈

　　自分勝手に言い立てる、筋の通らない理屈のこと。

13 変質者

　　性格異常があり、社会に迷惑をかける恐れがある人のこと。

（30）　　「ほ」に関する言葉

1 法に照らす

　　あらゆる事柄を、法の定めに基づいて判断すると言うこと。

2 忘却

　　自分がもっているはずの過去の記憶を、忘れてしまうこと。

3 封建的

　　上下関係を重んじ、個人の自由や権利を制約する制度こと。

4 法事

　　死者の忌日に、その冥福を祈るために行う催事のこと。

5 暴動

　　多くの者が集団で騒動を起こし、社会の秩序を乱すこと。

6 放浪

　　あてもなく、自由に諸国を旅をして廻ること。

7　墓穴を掘る
　　失敗の原因を、自らの行為によって生じさせてしまうこと。

8　母性愛
　　母が、子供に対して本能的に持つ愛情のこと。

9　仏の顔も三度
　　何度も無法なことをされれば、人は怒り出すと言うこと。

10　骨身を惜しまない
　　精を出して一所懸命に働くこと。

11　誉め称える
　　その人を、えらいものだと言って盛んにほめること。

（31）　「ま」に関する言葉

1　枚挙にいとまがない
　　あまり多くて、いちいち数えあげることができないこと。

2　まくしたてる
　　激しい言葉使いによって言い続けること。

3　馬子にも衣装
　　立派な着衣を着ければ、だれでも立派にみえること。

4　末席を汚す
　　自分がその地位にいることを謙遜した言い方のこと。

5　祭り上げる
　　おだてて、特定の人をむりやり高い地位に就かせること。

6　眉をひそめる

いかにも、いやそうな顔つきをすること。

7　真綿で首をしめる

遠回しに、じわじわと意地悪く責め立てること。

8　満更（まんざら）でもない

必ずしも「いや」と言うような気分の様子ではないこと。

9　満を持す

十分に用意をした上で、その機会を待つこと。

10　満身創痍（そうい）

体中が傷だらけになってしまうこと。

11　満腹の信頼を置く

そのことについて、十分に信頼をしていること。

（32）　「み」に関する言葉

1　身がもたない

非常に疲れて、体が続かないこと。

2　身の置き所がない

はずかしくて、どこにいたら良いか分からないこと。

3　身を持ち崩す

乱れた生活をして、落ちぶれてしまうこと。

4　見かけ倒し

外観よりも、その内容が非常に劣っていること。

5　操（みさお）を立てる

自分の主義主張をかたくなに守り通すこと。

6 水に流す

　　過去のもめ事などを、一切、無かったことにすること。

7 水も漏らさぬ

　　警戒が厳重で、少しのスキもない様子のこと。

8 水を差す

　　話の最中に、割り込んで邪魔を入れること

9 水掛けの議論

　　お互いに理屈を言いあって争い、結末がつかないこと。

10 道が開ける

　　いろいろ議論した結果、進むべき方向が決ったと言うこと。

11 三つ子の魂百まで

　　小さい時の性質は、年をとってもかわらないこと。

12 身の毛がよだつ

　　恐ろしいことに出会い、からだ毛が逆立ってしまうこと。

13 見果てぬ夢

　　永久に実現できない「思い」のこと。

14 耳が痛い

　　他人が自分の弱点をついていて、聞きたくないこと。

15 耳を疑う

　　今聞いたことが、聞き違いではないのかと疑うこと。

16 聞く耳を持たない

　　人の意見や話を全く聞こうとしないこと

17 見向きもしない

　　すこしもそちらを見ようとはしないこと。

18 見よう見まね

人のすることを見て、そのまねをしること。

19　見るに忍びない

　　気の毒で、見ていられないような様子のこと。

20　見るに堪えない

　　ひど過ぎて、見ていられない気分になること。

21　未練がましい

　　あきらめの気持ちの整理が付かない状況のこと。

（33）　「む」に関する言葉

1　無意識

　　自分がしていることに気が付いていない様子こと。

2　向こう鉢巻き

　　ひたいの上で結んだ「はちまき」のこと。

3　無心する

　　お金や品物などを、欲しいと願い出ること。

4　無節操

　　状況次第で、その人の考え方がどのようにも変わること。

5　無造作

　　難しく考えないで、なんでも気軽に行う様子のこと。

6　無情な人

　　人間らしい感情や、思いやりに欠けている人のこと。

7　無神経

　　人の気分を害するようなことを、平気ですること。

8 結びの神

　　男女の縁を結ぶとされ、若い人に人気の神様のこと。

9 無節操

　　その時々で、考え方がどのようにも変化すること。

10 むせび泣く

　　他人に聞かれないよう、意気を押し殺して泣くこと。

11 無双

　　並ぶものが無いほど、極めて優れていること。

12 夢想する

　　夢のような根拠のないことを空想すること。

13 無駄飯を食う

　　仕事もしないで、ただ飯ばかりを頼りに暮らすこと。

14 無定見

　　決まった考えがなく、その時々で変わってしまうこと。

15 無頓着（むとんちゃく）

　　何事に対しても、とくに気にかける様子がないこと。

16 胸騒ぎ（むなさわぎ）

　　悪い予感がして、胸が締め付けられたようになること。

17 むなしい

　　報いられることが無く、はかない気持ちになること。

18 胸突き八丁

　　頂上付近の、険しくて急なのぼり坂のこと。

19 胸が詰まる

　　感情が高ぶって、胸が一杯になってしまう様子のこと。

20 胸を打つ

強い感情が生じ、心がゆさぶられるようになること。

21 胸を張る

姿勢を正し、自信に満ちた態度をとること。

22 無理難題

無法な言いがかりを吹っ掛けられてしまうこと。

23 群れる

ある範囲に、自然に、人や動物が集まっていること。

（34）　　「め」に関する言葉

1 明暗を分ける

勝ち・負け又は、幸・不幸の状況がはっきりすること。

2 眼が利く

物事を見分ける能力が優れていること。

3 眼が肥える

良い・悪いと言う、ものの識別が良くできること。

4 眼が離せない

注意深く見たいと思うことから、離れられないこと。

5 眼がものを言う

その人の目付きで、今、何を考えているかがわかること。

6 眼からうろこが落ちる

今まで分らなかったことが、突然、分るようになること。

7 眼もあてられない

あまりに酷くて、見ていることができないこと。

8　眼を疑う

　　まさかと思い、信じられない様子になること。

9　眼をつける

　　関心を持つ事柄について、注目をすること。

10　冥途のみやげ

　　死んだ後の思い出にしようとする、楽しい出来事のこと。

11　名誉棄損

　　人の評判を悪くするような事柄を、世間に言いふらすこと。

12　目頭が熱くなる

　　物事に感動して、目に涙がうかんでくること。

13　眼鏡にかなう

　　人物評価の面で、いいと認められること。

14　飯の食い上げ

　　生活資金がなくて、まともな生活ができない様子のこと。

15　メッキがはげる

　　それまで飾っていた事の正体が、露見してしまうこと。

16　目鼻がつく

　　何かの事柄について、およその見通しがつくこと。

17　面が割れる

　　その人の、名前や身元が明らかになること。

18　面識がある

　　今までに会っていて、知っていると言うこと。

19　面倒をみる

　　その人が、生活を続けるために必要な世話をすること。

20　面目をほどこす

自分の責任を果たして、その名誉を保つこと。

（35）　「も」に関する言葉

1　盲目的

少しも理性が働いていないような様子に見えること。

2　もくろみ

企て（くわだて）、あるいは計画と言う意味のこと。

3　もたれかかる

自分の体を何かに預けて、楽な姿勢を保つこと。

4　持ち崩す

その人の態度によって、身持ち（品行）を悪くすること。

5　持ち直す

病状などが、快方に向かっていること。

6　もっけの幸い

思いもしない縁によって巡り合った有難いこと。

7　元のもくあみ

またしても、これまでと同じ状況になってしまったこと。

8　喪に服する

死者の近親者が、ある日数の間、家に閉じこもること。

9　もぬけの殻

住んでいた人が逃げ去った後の、空の住居のこと。

10　物になる

その人が、一人前の腕前を持つようになること。

11 物のあわれ

その事から、しみじみとした情感が感じられること。

12 文殊の知恵

文殊菩薩のように、良い知恵を早く得たいと思うこと。

13 門前市をなす

多くの人々がその商店街に出入りして、混雑すること。

14 門前払い

来訪者を、合わずに追い返してしまうこと。

（36）　「や」に関する言葉

1 矢の催促

しきりに、せきたてるような催促をする（される）こと。

2 矢面（やおもて）

質問や批難などを、まともに受ける立場の人のこと。

3 焼きを入れる

強い表現を使って懲らしめて、その人の反省を促すこと。

4 野次馬（やじうま）

人々の後について、訳もなく騒ぎ立てる人のこと。

5 野性的

本能をむき出しにしたように、粗野に振る舞うこと。

6 やつれる

やせ衰えて、顔つきもみすぼらしく見える様子のこと。

7 柳（やなぎ）に風

穏やかにあしらって、逆らわないようにすること。

8　やぶれかぶれ

世の中に愛想が尽きて、やけになるようすのこと。

9　野暮用

遊びや趣味のことではなく、仕事のことだ、と言うこと。

10　山を当てる

金儲けに資するような事柄を探し当てることを言う。

11　山をかける（山を張る）

試験などに向けて、あらかじめ出題の予想を立てること。

12　病は気から

病気は気の持ちようで、良くも悪くもなると言うこと。

13　闇から闇へ葬る

世間に知られないように、始末をしてしまうこと。

14　已（や）むに已まれぬ

そうせずには居られない、と言うこと。

15　遣らずの雨

客を帰さないためであるかの如く、突然降ってくる雨のこと。

16　やり玉にあげる

非難・攻撃の目標にして、相手を激しく攻撃すること。

17　やるせ無い

気持ちが満たされないで、つらい思いをすること。

（37）　「ゆ」に関する言葉

1 唯我独尊

　　自分以外に偉い者はいないとする、独善的考え方のこと。

2 唯物史観

　　精神的活動は、物質的生活によって決まるとする考え方。

3 有害無益

　　害だけがあって、何の役にも立たない活動のこと。

4 有機肥料

　　材料が、動植物由来のものから作られている肥料のこと。

5 遊興施設

　　料理屋や飲酒店など、遊興飲食税の対象となる店のこと。

6 有言実行

　　言ったことは、その人が責任をもって実行すると言うこと。

7 有終の美を飾る

　　物事を、最後まできちんと仕上げてから終わりにすること。

8 融通無碍 (ゆうずうむげ)

　　考え方や行動が自由に変わり、のびのびしている様子。

9 憂慮 (ゆうりょ) に堪えない

　　心配しないではいられない、と言うこと。

10 故無しとしない

　　それなりの理由があると言うこと。

11 油断もすきもない

　　すこしも油断ができない様子のこと。

12 湯水のように使う

　　お金を、無駄なことのためにたくさん使うこと。

13 夢見心地

楽しくて、まるで夢を見ているような気分がすること。

（38）　「よ」に関する言葉

1　**洋の東西を問わず**

　　東洋、西洋の区別をつけないで、と言うこと。

2　**要諦**（ようてい）

　　物事の価値判断を決める場合において一番大事なところ。

3　**要覧**（ようらん）

　　統計等を用い、要点を分かりやすく纏めた印刷物のこと。

4　**要領を得ない**

　　何を言いたいのかが、はっきりしないこと。

5　**余儀なくされる**

　　…をしないわけには、いかないのだ、と言うこと。

6　**横の物を縦にもしない**

　　極端にぶしょうなことを、喩えとして表現した言い方。

7　**横車を押す**

　　出来ないことを、無理に押し付けること。

8　**横やりを入れる**

　　話の途中で割り込んで、干渉してくること。

9　**装いを凝らす**

　　見かけを飾ろうとすること。

10　**余勢をかる**

　　その勢いに乗って、と言う意味である。

11　与太を飛ばす

でたらめなことを言うこと。

12　夜鷹（よたか）そば

屋台を使って、夜、遅くまで売り歩くそば屋のこと。

13　予断を許さない

前もって判断することが困難な状況のこと。

14　余念がない

物事に執着して、それを熱心に実行する様子のこと。

15　黄泉（よみ）の国

死者が住むと言う、いわゆる、あの世のこと。

16　夜目遠目笠のうち

女性が美人に見えるのは、夜目、遠目、笠のうちのことだ。

17　夜のとばりが下りる

夜に下す垂れぎぬ（とばり）が下りて、暗くなった様子。

18　寄らば大樹の陰

力のある人に頼って暮すのが良いということ。

19　よわいを重ねる

年令（よわい）を重ねる、との意味である。

20　弱音を吐く

弱気になって、意気地のないことを言うこと。

21　弱り目に祟り（たたり）目

悪い時に悪いことが更に重なり、非常に困ってしまうこと。

（39）　「ら」に関する言葉

1 磊落（らいらく）
   快活で、細かいことにこだわらない性格の人のこと。

2 烙印（らくいん）を押される
   消すことが出来ない汚名を着せられること。

3 らちがあかない
   物事の交渉において、いつまでも決着がつかないこと。

4 楽観的
   くよくよせず、明るい見通しを持つようにすること。

5 辣腕（らつわん）
   物事を的確に処理する能力が、極めて優れていること。

6 爛熟（らんじゅく）
   物事が、極度に発達し、成熟していること。

7 乱脈
   事務処理等の筋道がたたず、めちゃくちゃなこと。

（40）　「り」に関する言葉

1 罹患（りかん）する
   病気になり、病院の世話になってしまうこと。

2 理屈をこねる
   あれこれと、うるさく理屈を言い続けること。

3 離散集合
   人々が集まって団体を作ったり、解散したりすること。

4 理性的
　理性に従って自ら行動し、判断すること。

5 溜飲（りゅういん）が下がる
　胸のつかえが取れて、すっとすること。

6 流用する
　お金や物品を、当初の目的以外のことに使ってしまうこと。

7 両雄並び立たず
　結局は、どちらかが倒れることになること。

8 綸言（りんげん）
　天子の言葉は、一旦出したら、取り消すことができないこと。

（41）　「る」に関する言葉

1 塁（るい）を及ぼす
　関係がない人にまで、迷惑を及ぼすようになること。

2 類は友を呼ぶ
　同類は、自然に同類同士で集まるものだ、ということ。

3 流転（るてん）
　生死の因果関係が限りなく続くこと。輪廻とも言う。

（42）　「れ」に関する言葉

1 礼を厚くする

礼儀正しく、丁寧な振る舞いをすること。

2　礼を失する

失礼な態度をとってしまうこと。

3　麗筆（れいひつ）を振るう

美しく見事に、字、絵、文章などを書くこと。

4　裂帛（れっぱく）の気合

鋭い気合をかけて、意識を鼓舞（こぶ）すること。

（43）　「ろ」に関する言葉

1　路頭に迷う

生活の道がたたなくなり、困り果てること。

2　路傍の人

自分にとっては、全く関係がない人のこと。

3　論功行賞

成果に応じて、それぞれに賞を与えること。

4　論を待たない

議論するまでもなく、初めから分っていること。

5　論陣を張る

相手に勝つべく、立派に議論を展開すること。

（44）　「わ」に関する言葉

1 我が意を得る

　相手の言うことが自分の考えと一致し、有難く思うこと。

2 我が世の春

　運勢が絶頂に達し、最も得意になれる時期を迎えること。

3 和気あいあい

　和気が全体に漂っている様子のこと。

4 災いを転じて福となす

　悪かった事を契機に、良い方へ向けた努力を重ねること。

5 渡る世間に鬼はなし

　世の中には、無情な人ばかりがいる訳ではないこと。

6 わるあがき

　無駄な行動をすること。

7 我（われ）関せず

　自分には関係が無いと無視すること。

8 我を忘れる

　無我夢中になること。

9 和を講じる

　争っていた者たちが、仲直りをすること。

6　廃れつつある絶妙な言葉（格言）

（1）　「あ行」に関する言葉

1　悪貨は良貨を駆逐（くちく）する
　　　　質の悪い品物がはやり、質の良い品物が淘汰されること
2　衣食足って礼節を知る
　　　　生活が豊かになれば、礼節が重んじられるようになること
3　馬には乗ってみよ、人には添うて見よ
　　　　なにごとも、まず経験してみることが大事だということ
4　生みの親より育ての親
　　　　生みの親よりも、育ててくれた親のほうが有難いこと
5　江戸のかたきを長崎で討つ
　　　　昔のうらみを、関係ない事柄によってはらそうとすること
6　負うた子に教えられる
　　　　物事を、自分の後輩から教えられるようになること
7　同じ釜（かま）の飯を食う
　　　　仲間どうしが、一緒になって生活をすること
8　帯に短かし襷（たすき）に長がし
　　　　物事が、中途半端なままになってしまうこと
9　おぼれる者は藁（わら）をもつかむ
　　　　危ない時には、どんな手段にでも頼ろうとすること

（2）　「か行」に関する言葉

1　蟹（かに）は甲羅（こうら）に合わせて穴をほる
　　　　人の望みは、身分相応のものであるべきだということ

2　禍福（かふく）はあざなえる縄の如し
　　　　不幸と幸福は、代わるがわるにやってくるということ

3　堪忍袋（かんにんぶくろ）の緒が切れる
　　　　どうしても我慢ができなくなってしまうこと

4　義を見てせざるは勇無きなり
　　　　行うべき道を知りながら、しないのは勇気がないこと

5　勝って兜（かぶと）の緒を締めよ
　　　　勝ったからと言って、油断してはいけないこと

6　金の切れ目が縁の切れ目
　　　　お金があれば厚遇されるが、なければ冷遇されること

7　桐一葉、落ちて天下の秋を知る
　　　　衰えかけた様子が、その姿に表れてしまうこと

8　九仞（きゅうじん）の功を一簣（いっき）に欠く
　　　　成功しかけたことを、最後のところで失敗すること

9　清水の舞台から飛びおりる
　　　　思い切った決心をすること

10　麒麟（きりん）も老いては駑馬（どば）に劣る
　　　　どんなに優れた人でも、年をとれば落ちぶれること

11　錦上さらに花をそえる
　　　　立派なことを、更に立派にしていくこと

12　臭い物には蓋（ふた）をする
　　　　悪い原因を取り除かないまま、解決を先にのばすこと

13　国破れて山河あり

　　　　戦いで国は亡びたが、自然は昔のままだということ

14　群盲象を撫（な）でる
　　　　自分が知ることだけで、全体を把握したつもりになること

15　芸術は長く人生は短し
　　　　人の命は短いが、芸術作品はいつまでも残ること

16　蛍雪の功を積む
　　　　たいそう努力をして、ようやく学問を修めること

17　光陰（こういん）矢のごとし
　　　　月日が経つのは、思いのほか早いということ

18　後悔（こうかい）先に立たず
　　　　問題を起こしてから後悔しても、どうにもならないこと

19　興産（こうさん）無き者は恒心なし
　　　　興産（資産）のないものには、道徳心がもてないこと

20　弘法にも筆の誤り
　　　　名人や達人でも、時には失敗することがあるということ

21　紺屋（こうや）の白ばかま
　　　　他人の世話ばかりやいて、自分のことができないこと

（3）　「さ行」に関する言葉

1　先んずれば人を制す
　　　　人より先に行えば、他の人に勝つことができるということ

2　三人寄れば文殊の知恵
　　　　三人で相談すれば、菩薩ほどの良い知恵が出るということ

3　地獄（じごく）の沙汰（さた）も金次第
　　　　世の中は、何でもお金で解決することができるということ

4　事実は小説よりも奇なり
　　　　世の中には、もっと不思議なことがあるということ

5　春宵一刻、値千金
　　　　春の宵は、ひじょうに値打ちがあるということ

6　春眠あかつきをおぼえず
　　　　春の夜は寝心地がよく、夜が明けたことも分からないこと

7　小の虫を殺して大の虫を助ける
　　　　大事を成すために、小事を犠牲にしてしまうこと

8　上手の手から水がもる
　　　　なんでも上手な人であっても、時には失敗があること

9　将を射（い）んとする者は、まず馬を射よ
　　　　大きな目標を持つ者は、手近なことから進めよということ

10　女子と小人（しょうにん）は養いがたし
　　　　女と心の狭い人間は、扱いにくいということ

11　心胆（しんたん）を寒からしめる
　　　　極めて不吉な事態に遭遇して、心の底から震え上がること

12　心頭を滅却すれば火もまた涼し
　　　　感じる心をなくせば、熱いはずの火も涼しいということ

13　すずめ百まで踊り忘れず
　　　　小さい時の習慣は、年をとっても忘れないこと

14　捨てる神あれば拾う神あり
　　　　たとえ見捨てられても、誰かが助けてくれるということ

15　背に腹は替えられず

大事の再は、他のことに関わっていられないということ

16　生殺与奪（せいさつよだつ）の権をにぎる
　　　思いのままにすることができる権力を持つこと

17　精神一到何事か成らざらん
　　　必死に努力すれば、なんでも成し遂げられるということ

18　栴檀（せんだん）は双葉より芳し
　　　立派になる人は、子供の頃から抜きでているということ

19　前門の虎（とら）、後門の狼（おおかみ）
　　　災難や危険が、前後に迫ってきていること

20　袖（そで）振り合うも他生（たしょう）の縁
　　　旅人同士が出会うのは、前世の縁があるからだということ

21　その手は桑名の焼きはまぐり
　　　見え透いた計略には引っかからないぞ、ということ

（4）　「た行」に関する言葉

1　大山鳴動してねずみ一ぴき
　　　大騒ぎをしたのに、何事もなかったということ

2　立つ鳥、跡（あと）を濁さず
　　　立ち去るときは、その場所をきれいにして去るべきだ。

3　蓼（たで）食う虫も好き好（ず）き
　　　苦いもなにも、人の好みにはいろいろあるということ

4　旅は道連れ、世は情け
　　　同行者がいると心強く、世間の人情も有難いということ

5　天網かいかい疎（そ）にして漏らさず
　　　　天の網の目はあらいが、決して悪を逃すことはないこと
6　問うに落ちず語るに落ちる
　　　　話に夢中になると、つい、隠しごとでも喋ってしまうこと
7　読書百遍、意おのずから通ず
　　　　何回も読めば、文章の意味は自然に分かるようになること

（５）　　「な行」に関する言葉

1　泣いて馬謖（ばしょく）をきる
　　　　規則に背いた者は、かわいい部下でも厳しく罰すること
2　二階へ上げてはしごを外す
　　　　助ける振りをして、苦しい立場へ追い込むこと
3　肉を切らして骨を断つ
　　　　自分の危害を恐れずに、相手を徹底的にやっつけること
4　人間万事、塞翁（さいおう）が馬
　　　　人の運命は何を契機に変わるか分からず、定めがないこと
5　能ある鷹は爪を隠す
　　　　才能がある人は、目立ったりしないものだと言うこと
6　のどもと過ぎれば熱さを忘れる
　　　　辛かったことも、時間が経てばすぐに忘れると言うこと

（６）　　「は行」に関する言葉

1 敗軍の将、兵を語らず
　　　失敗した者は、言い訳をしてはならないと言うこと
2 はきだめに鶴が舞い降りたよう
　　　凡人たちの中に、不似合いな賢人が入ってくること
3 火のない所に煙は立たぬ
　　　噂話しには、必ず、その拠り所があるものだと言うこと
4 庇（ひさし）を貸して母屋を取られる
　　　一部を貸しただけなのに、全部を奪われてしまうこと
5 ひょうたんからから駒が出る
　　　冗談で言ったことが、本当になってしまうこと
6 屏風（びょうぶ）と商人はまっすぐでは立たぬ
　　　商人は、正直だけでは商売が成り立たないと言うこと
7 武士は食わねど高楊枝
　　　体面を繕うため、食事が済んだように見せかけること
8 下手の考え休むに似たり
　　　知恵もないのに、いつまでも考えるのは無駄と言うこと
9 坊主憎けりゃ袈裟（けさ）まで憎い
　　　相手が憎らしいと、関係あるすべてが憎らしくなること

（7）　「ま行」に関する言葉

1 ミイラ取りがミイラになる
　　　相手を説得しようとして、逆に相手に同調すること
2 水清ければ魚棲（す）まず

130

潔白すぎると、かえって人に親しまれなくなること

3 道行く人の袖にすがる

生活に困窮している人が、施しや助けを求めること

（8）　「や行」に関する言葉

1 藪（やぶ）をつついて蛇（へび）をだす

余計なことをして、思わぬ災難に出会ってしまうこと

2 闇（やみ）から闇へ葬る（ほうむる）

世間に知られないような方法で、あと始末をすること

3 山高きが故に尊からず

山の値打ちは、単に高いと言うことではないということ

4 楊枝で重箱の隅（すみ）をほじくる

不必要に、単なる細かいことを問題にすること

5 寄らば大樹のかげ

身を置くなら、大きな組織の方が安心だということ

（9）　「ら行」に関する言葉

1 良薬は口に苦（にが）し

人の忠告は聞きづらいが、ためになるということ

2 両雄ならび立たず

争った末に、結局はどちらかが倒れるということ

3 陋巷 (ろうこう) に朽ち果てる
　　　才能を認められないまま、空しく死んでしまうこと
4 論語読みの論語知らず
　　　頭で分かっているだけで、実際には行わないこと

(10) 「わ行」に関する言葉

1 我が身を抓 (つね) って人の痛さを知れ
　　　他人の苦しみや辛さを思いやることが大切だということ
2 災いを転じて福となす
　　　災難も、それを糧に努力すれば報われるということ
3 渡る世間に鬼はなし
　　　世の中は、無情な人ばかりがいる訳ではないということ
4 笑う門には福きたる
　　　にこにこしている家には、幸せがやってくるということ
5 割れ鍋に綴 (と) じ蓋 (ふた)
　　　誰でも、ふさわしい相手は見つかるものだということ

7　氾濫する外来語とその意味

（１）　ア行の部の外来語

○　アイデンティティ

　　　　自分は自分である（他人とは異なる）と言うこと

○　アカデミズム

　　　　現実よりも、理論を重んじる考え方のこと

○　アクシデント

　　　　事故、意外な出来事のこと

○　アクロバチック

　　　　曲芸師のような身のこなし方のこと

○　アセスメント

　　　　物事（環境や経済について）の実態を評価すること

○　アタッチメント

　　　　機械・器具等の付属品のこと

○　アトランダム

　　　　整然とせず、無秩序な様子のこと。

○　アットホーム

　　　　くつろいだ生活の様子のこと

○　アブストラクト

　　　　物事が、いかにも抽象的であること

○　アポイント

　　　　催事への参加などの、予約をすること

○　アミューズメント

　　　　娯楽のこと

○ アンティーク

   古美術品のこと

○ アンバランス

   つり合いが取れていないこと

○ イデオロギー

   人の基本的な考え方や、主義主張のこと

○ イノベーション

   いわゆる技術革新のこと

○ イブニング

   夕方、婦人が着用する、丈の長いドレスのこと

○ イマジネーション

   想像力のこと

○ イラストレーター

   挿絵やアニメ動画を描く人のこと

○ イルミネーション

   クリスマス等で見られるような電球による装飾のこと

○ インストラクター

   運動や音楽・技術等の指導・訓練を担当する人のこと

○ インスピレーション

   突然、頭にひらめいた素晴らしいイメージのこと

○ インターセプト

   球技で、相手のボールを横取りすること

○ インフォーマル

   略式の服装などのこと

○ インフレーション

通貨量が増大し、その結果、物価が暴騰すること

○ ウイークエンド

　　　週末（土曜、日曜）のこと

○ ウイークポイント

　　　人や報道機関などが抱えている弱点のこと

○ ウエディング

　　　結婚式のこと

○ ウオーキング

　　　散歩、または歩いて行くと言うこと。

○ ウオーミングアップ

　　　準備運動のこと

○ エージェンシー

　　　代理業、代理店のこと

○ エキサイティイング

　　　白熱すること

○ エキシビション

　　　公開の競技（演技）のこと

○ エキゾチック

　　　異国的な情緒に溢れていること

○ エクステリア

　　　フェンス等の、家屋の外構設備のこと

○ エスカレーション

　　　物価や株価が高騰すること

○ エスコート

　　　安全確保のため、女性に付き添うこと

○ エビデンス

   事実関係を証明すること（又は、その証明書のこと）

○ エピソード

   興味を引くことが出来そうな挿話のこと

○ エリート

   優れた才能を持ち、社会的に高い立場にある人のこと

○ エレガント

   上品さや優雅さを備えていること

○ エンサイクロペディア

   百科事典のこと

○ エンジニアリング

   工業部門における技術的活動のこと

○ エンジョイ

   みんなで楽しむこと

○ エンターテイメント

   娯楽や演芸のこと

○ エンブレム

   社章などの象形化された図案のこと

○ オークション

   競売（商取引の一つ）のこと

○ オーソドックス

   正当な、と言うこと

○ オーディション

   選考のための実技テストのこと

○ オートクチュール

高級な仕立て衣装のこと
○　オピニオンリーダー
世論を代表して、その意見を導く人のこと
○　オフサイドセンター
原子力施設から隔離した、安全対策指揮施設のこと
○　オペレーション
機械や設備等を運転・操作すること
○　オリエンテーション
クラブ活動等で、新人に対して行う教育のこと
○　オリジナリティー
仕事や芸術における独創性のこと
○　オンブズマン
行政に関わる苦情処理の問題を取り扱う組織のこと

（２）　　カ行の部の外来語

○　カウンセリング
悩みを抱える人に、助言や指導を行うこと
○　カウンター
飲み食いのために設けられた、長いテーブルのこと
○　カタストロフィー
最後に悲劇的な結末を迎えること
○　カフェテリア
セルフサーブス方式による食堂のこと

○ カムフラージュ

　　　　偽装して、本当の姿（形）が分からなくすること

○ カリキュラム

　　　　順序だてて編成する教育計画のこと

○ カンニング

　　　　不正な方法を使って、試験に正解を回答すること

○ ギブアンドテイク

　　　　お互いに利益を与えあって、平等の関係を維持すること。

○ キャパシティー

　　　　容量、収容能力のことと

○ キャプション

　　　　新聞などの写真につけている、説明文のこと

○ キュービズム

　　　　フランスで始まった、絵画における立体主義のこと

○ クーリングオフ

　　　　一定期間内なら、無条件で契約が解除できる制度

○ クリアランスセール

　　　　在庫一掃のための、大売り出しのこと

○ クローズアップ

　　　　社会問題として、大きく取り上げられること

○ クロスゲーム

　　　　その試合が接戦状態で展開していること

○ グロテクス

　　　　異様で、きみが悪い様子であること

○ コーディネーター

　　　　　統括・調整しながら、仕事を推進する責任者のこと

○　ゴシップ

　　　　　有名人の秘密やうわさを主体にする記事のこと

○　コスモポリタン

　　　　　国籍にとらわれず、世界を仕事場にしている人のこと

○　コミック

　　　　　劇画風の漫画本のこと

○　コミットメント

　　　　　国際会議などの議論の結果、付託された約束事のこと

○　コミュニケーション

　　　　　相互に、意思や情報をやり取りすること

○　コニュニティー

　　　　　その土地で形成された、地域的な自由集団のこと

○　コングロマリット

　　　　　複数の企業を一つにまとめた、複業企業体のこと

○　コンシューマー

　　　　　消費者のこと

○　コンベンション

　　　　　大きな集会のこと

（3）　サ行の部の外来語

○　サイボーグ

　　　　　人間と同じ体形の、機能強化を図った模擬体のこと

○ ジェネレーション

　　　　世代のこと

○ シェルター

　　　　核戦争のために備えた防空壕のこと

○ システマチック

　　　　合理的に定められた制度や組織のこと

○ シチュエーション

　　　　そこに設定された状況のこと

○ シニカル

　　　　皮肉な、ということ

○ ジャーナリスト

　　　　新聞、雑誌、報送機関などの記者、編集者のこと

○ ジャーナリズム

　　　　新聞、雑誌、報送機関などの業界のこと

○ ジャケット

　　　　上着、本及びレコードのカバーのこと

○ シャルマン

　　　　魅惑的、チャーミングと言うこと

○ シュールレアリスム

　　　　超現実主義。写実をはなれて作者の主観で表現する

○ ショーアップ

　　　　番組を楽しくするため、工夫を凝らすこと。

○ シンクタンク

　　　　専門家による、新しいアイデアを生み出すための機関

○ シンジケート

　　　　　共同事業を行うために組織された資本家の合同体

○　シンポジウム

　　　　　特定の問題について議論するための討論会のこと

○　シンボライズ

　　　　　その意味を象徴する揮毫のこと

○　シンメトリー

　　　　　左右が同じで、つり合いが取れていること

○　スイート

　　　　　甘口のお菓子のこと

○　スーベニア

　　　　　観光地などで売られているおみやげのこと

○　スカウト

　　　　　芸能人やスポーツ選手を探す人のこと

○　スキャンダル

　　　　　お金や異性問題に関する良くないうわさのこと

○　スクーリング

　　　　　通信教育を受ける学生のための教室での授業のこと

○　スクラム

　　　　　腕を組み合わせて列をつくること

○　スクリプト

　　　　　脚本を、放送用に書き直した台本のこと

○　スケープゴート

　　　　　身代わりとして、罪を負うことになった人のこと

○　スケルトン

　　　　　骸骨のこと、ストーブに取付けた保護網のこと

○ スコール

　　　　熱帯地方特有の、激しいにわか雨のこと

○ スタイリスト

　　　　撮影等のために、衣装の着用を整える人のこと

○ スタンダード

　　　　基準、標準的な、と言うこと

○ スタンバイ

　　　　舞台の出演等において、その準備をすること

○ ステアリング

　　　　自動車のハンドルを操作すること

○ ステータス

　　　　その人の地位や身分のこと

○ ステートメント

　　　　政治・行政に関する声明（書）のこと

○ ストライキ

　　　　労働者が、要求のために職場（仕事）を休むこと

○ ストレス

　　　　肉体的、精神的な具合いの悪さを感じること

○ ストレッチ

　　　　体の筋肉（筋）を伸ばすための運動をすること

○ ストローク

　　　　ゴルフの一振り、水泳の一かきなどのこと

○ スパークリング

　　　　試合形式で行うボクシングの練習のこと

○ スピーディー

　　　　素早く、と言うこと

○　スピリット

　　　　精神、精神的な気分、と言うこと

○　スプリンター

　　　　短距離の陸上（または水泳）選手のこと

○　スプロール

　　　　都市が、虫食い状態に無計画に広がっていくこと

○　スペクタクル

　　　　映画・演劇において、その場面が豪華壮大なこと

○　セクショナリズム

　　　　なわばりに拘って、他人の手出しを嫌うこと

○　ゼスチャー

　　　　見せかけの行動や態度のこと

○　セッティング

　　　　機器などについて、その準備や配置をすること

○　セミナー

　　　　大学等のグループが、泊り込みで研修をおこなうこと

○　ゼミナール

　　　　学生や生徒に対し、教師が学習の指導をおこなうこと

○　セレナード

　　　　小人数の器楽形式で演奏される組曲のこと

○　センセーショナル

　　　　大げさに書いて、好奇心をあおり立てること

○　センチメンタル

　　　　感情が抑えられず、感傷的になってしまうこと

○　ソーシャルディスタンス

　　　　人と人とが位置している、その間隔のこと

○　ソーラーシステム

　　　　ソーラーパネルを利用した発電システムのこと

○　ソムリエ

　　　　ワインの給仕を専門に担当する人のこと

○　ソロィスト

　　　　独独（または独唱）する人のこと

（４）　　タ行の部の外来語

○　ターゲット

　　　　目標物、売り込みの対象（人、企業）のこと

○　ダーティー

　　　　汚れていること

○　ターニングポイント

　　　　ものごとに対する転機のこと

○　タイアップ

　　　　物事を、提携（協同）しておこなうこと

○　ダイエット

　　　　健康や美容のために減食をすること

○　ダイジェスト

　　　　基本となる図書を、要約したもののこと

○　ダイナミズム

動きに極めて活力が感じられること

○ **ダイニングルーム**

家庭における食事の部屋のこと

○ **ダイビング**

飛び込み式による水泳のこと

○ **タオルを投げる**

ボクシング試合で、試合を止める合図のこと

○ **タフガイ**

頑丈で、不死身な感じの人のこと

○ **タブロイド**

新聞一面の2分の1ページに当たる大きさのこと

○ **タレント**

テレビ、ラジオに出演する芸能人のこと

○ **ダンディー**

美形で、スタイルが良い男子こと

○ **ダンピング**

残りの標品を、格安で売り出すこと

○ **チアリーディング**

チアリーダーたちが団体で行う体操競技のこと

○ **チャーミング**

人を引き付けるほどの魅力がある様子のこと

○ **チャレンジャー**

物事に挑戦する人のこと

○ **チューンアップ**

自動車の性能を上げるための整備調整のこと

○ ツイスト

　　　腰を軽くひねって踊る、ダンスのこと

○ ツーリスト

　　　旅行（観光旅行）者のこと

○ ツーリング

　　　自転車やオートバイによる周遊旅行のこと

○ ディスカウント

　　　商品を値引きをして販売すること

○ ディスカッション

　　　話し合いや討論のこと

○ ディスコ

　　　レコード音楽でダンスを楽しむダンスホールのこと

○ ディテール

　　　物事の詳細に関すること

○ ディスプレー

　　　商業施設における、商品等の展示物のこと

○ ディレクター

　　　放送番組における、製作責任者のこと

○ ディーピーイー（DPE）

　　　現像、焼き付け、引き伸ばし、を統合した表現

○ テーピーオー（TPO）

　　　時間、場所、目的、の三つを統合した表現

○ テクスチュア

　　　織物の質感や風合いのこと

○ デオドラント

トイレなどで使用する防臭剤のこと

○ テナント

貸しビルを賃借している出店者のこと

○ デフォルメ

元の物を、芸術的に変形して表現すること

○ デュエット

二人一組で演唱（または演奏）すること

○ デリカシー

こまやかな心使いによる、上品な感じのこと

○ テロリズム

暴力によって目的を果たそうとする考え方のこと

○ トイレタリー

石鹸やシャンプー等、清潔保持のための用品のこと

○ ドキュメンタリー

実際の事件をモデルにして制作された作品のこと

○ トーナメント

次々と勝ち抜く方式による、試合形式のこと

○ ドーピング

飲用薬物を使用して、運動能力を向上させること

○ トトカルチョ

プロチームの勝敗を当てる方式による、賭けのこと

○ ドラスティック

思い切った手段を講じること

○ ドラマチック

内容が、まるで創作劇のように劇的に展開すること

○ トリック

　　　現実に不可能なことを、映像で見せる技術のこと

○ トリミング

　　　画面の一部を加工して、構図を整えること

○ トレッキング

　　　高山の山麓を、気軽に散策して廻ること

○ ドロップアウト

　　　集団に付いて行けず、社会から落ちこぼれてしまうこと

（5）　ナ行の部の外来語

○ ナーバス

　　　神経質になること

○ ナイーブ

　　　子供のような素直さを持つ様子のこと

○ ナショナリズム

　　　国家の自主性を重んじ、民族主義に立つ考え方のこと

○ ナルシシスト

　　　自己陶酔型の人のこと

○ ニーズ

　　　何を必要としているのかと言うこと

○ ニューフェイス

　　　新人のこと（映画俳優としての）

○ ニュールック

　　　　服装における最も新しいデザインのこと
○　ヌーボー
　　　　新しく生まれた、掴みどころがない考え方のこと
○　ネッカチーフ
　　　　首に巻く、正方形の布のこと
○　ノイローゼ
　　　　心配や考え事が昂じ、神経衰弱のようになること
○　ノウハウ
　　　　商品やその製造方法等に関する技術情報のこと
○　ノーサイド
　　　　試合が終了すること
○　ノックアウト
　　　　試合で、相手を完全に負かしてしまうこと
○　ノミネート
　　　　大勢の中で、その人が指名されること
○　ノンフィクション
　　　　あくまで、事実に基づいて作られた作品であること

（6）　ハ行の部の外来語

○　バイオテクノロジー
　　　　遺伝子工学の技術を、他の分野においても応用すること
○　バイタリティー
　　　　生命力のこと

○ バイプレーヤー

　　　演劇などにおける脇役のこと

○ バーゲンセール

　　　デパートなどが、見切り品を割安で大量に売ること

○ パッション

　　　その人の情熱のこと

○ パーソナリティー

　　　その人が持っている個性のこと

○ パラグラフ

　　　新聞や雑誌における小記事のこと

○ パラドックス

　　　逆説のこと

○ パロディー

　　　有名な作品をまねて、滑稽化した作品のこと

○ ハンディキャップ

　　　ゴルフで、実力が上のものに与える負荷点のこと

○ ヒューマニズム

　　　人間の生命と幸福を重んじる主義のこと

○ ビルト・イン

　　　その家に作り付けの造作物（設備など）のこと

○ フィロソフィー

　　　物事に関する基本的な考え方のこと

○ フェミニスト

　　　女性を大切にする主義の人

○ フォーメーション

チームとして採るべき態勢のこと

○ フラストレーション

　　希望が挫折し、欲求不満になること

○ フランチャイズ

　　地域独占の店舗を全国展開する、販売システムのこと

○ ブリーフィング

　　指示や情報伝達のために行う、ミーティングのこと

○ プリンシプル

　　原理、原則のこと

○ ブレーン・ストーミング

　　あらゆる角度から自由に討議し、方向を確認すること

○ プレスティージ

　　威信、確信、ということ。

○ プレタポルテ

　　高級既製服のこと

○ プロパガンダ

　　特定の思想を広め、それによって行動を主導すること

○ プロモーション

　　販売促進のこと

○ プロレタリアート

　　労働階級のこと

○ フロンティア・スピリット

　　開拓精神のこと

○ ペシミスト

　　悲観論者のこと

○ ペナルティー

  罰則金のこと

○ ペンディング

  保留にすること

○ ボードビリアン

  喜劇の役者のこと

○ ホールディング

  バレーボールにおける反則行為の一つ

○ ホモサピエンス

  人間（理性を持つ人類）

○ ボルテージ

  その人の、熱がこもった様子のこと

（7）　マ行の部の外来語

○ マーケティング

  市場調査を踏まえ、販売の戦略を立てること

○ マキャベリズム

  悪賢いことを考えながら、政治を執り行うこと

○ マニフェスト

  基本的な事項を示した誓約書のこと

○ ミキシング

  混ぜ合わせること

○ ミゼラブル

　　　　悲惨なこと

○　メカニズム

　　　　機構、仕組み　のこと

○　メモランダム

　　　　覚え書として作成する備忘録のこと

○　モーション

　　　　動作、身振り、のこと

○　モラトリアム

　　　　非常時には、一定期間、債務の支払いが延期できること

（8）　ヤ行の部の外来語

○　ヤンキー

　　　　アメリカ人のこと

○　ユーティリティ

　　　　炊事や洗濯などの家事が出来る場所のこと

○　ユートピア

　　　　理想の社会、理想郷のこと

○　ユーモラス

　　　　滑稽（こっけい）で、愛嬌があるあること

○　ユニオン

　　　　労働組合や共同組合などのこと

○　ユニコーン

　　　　一角獣（惣定上の動物）のこと

（9） ラ行の部の外来語

○ ライニング
容器の内側に、防蝕のための内張をすること

○ ラジカル
急進的な思想の持ち主のこと

○ ランダム
何の思惑も入れず、あくまで無差別に選ぶこと

○ リアリズム
理想よりも、現実を重んじる考え方のこと

○ リーゼント
男性の髪型の一種。（前髪を高く揃える。）

○ リバイバル
古いものが、世間の関心を得て復興すること

○ リベラル
自由主義的な考え方のこと

○ リラックス
緊張を解いて、楽な気分でくつろぐこと

○ ルネサンス
中世に、西洋全体に広がった文芸復興のこと

○ ルポルタージュ
報道記者が行う、現地報道や現地報告のこと

○ レパートリー
いつでも演奏ができるようにしてある曲目のこと

○ レファレンス

　　　図書館の利用者に、必要な文献情報を教えること
○ レンジャー

　　　特別訓練を受けた、米国の国有林警備隊員のこと
○ レンタル

　　　料金システムを踏まえて、車や図書を貸し出すこと
○ ローテーション

　　　事前に定めた順番に応じて、人を入れ替えること
○ ローリング

　　　波のうねりによって、船が横揺れすること
○ ロジック

　　　あらゆる物事に関する因果関係（筋道）のこと
○ ロマンティック

　　　現実をはなれた、夢想的なようすのこと

（10）　ワ行の部の外来語

○ ワードローブ

　　　洋服類をまとめて呼ぶ場合の、言い方のこと
○ ワンダーフォーゲル

　　　山野を歩いて旅行をする運動のこと
○ ワンパターン

　　　型にはまった行動様式のこと

8　生活の糧となる故事・熟語

8－1　あ行に関する熟語

1　阿鼻叫喚（あびきょうかん）
　地獄に落ちた人（悪人）が、その苦しみに耐えきれなくなってわめき苦しむ様子のことを言う。これは、仏教において教示するところの霊会の概念のことである。

2　海千山千（うみせんやません）
　あらゆる体験を通じて得た豊富な知識と経験のもとで、悪賢く振る舞う人のことを形容した言葉である。

3　紆余曲折（うよきょくせつ）
　事情が混み入っていて、その様子が、途中でいろいろな様相に変化してしまうような状況のことを言う。

4　鬼の霍乱（おにのかくらん）
　これまで病気を知らなかったような人が、めずらしくも病気になって苦しむ様子を、このように表現する。

8－2　か行に関する熟語

1　外柔内剛（がいじゅうないごう）
　見かけは優しく（または弱々しく）見えながら、心中はしっか

りしているような人のことを、このように表現する。

2　臥薪嘗胆（がしんしょうたん）
　意味は、自分の願望（出世）を叶えようとして、積まれた薪（まき）の上に寝て、苦い肝（きも）を舐める（食べる）ほどの過酷な苦労を積み重ねていく様子を言い現わしている。
　中国特有の四字熟語にて表現されている有名な言葉（人生訓）であり、日本でもこの句を好む人は大勢いる。

3　合従連衡（がっしょうれんこう）
　古代の中国において大国の秦に対抗するため、ある時は六ケ国が連衡し、またある時は離反するなど、権力の争奪を巡って行われた各国間の勢力争いの様子を言い現わした熟語である。日本でも、政治家たちによる派閥の抗争を、この古代中国での国家間の抗争と同様に捉えて、この熟語が引用されることがある。

4　画竜点晴（がりょうてんせい）
　社寺の建築物や美術品の製作などにおいて、最後に行うもっとも大切な仕上げのことである。また、そのことから、最後に行う仕上げを、疎か（おろそか）にすることを「画竜点晴を欠く」とも言う。

5　起承転結（きしょうてんけつ）
　本来、この四字熟語は、漢詩を作る際の、詩の組み立て方に関する基本的な要領について言っているのであるが、それと同時に、

話術のあり方に関する基本的な要領に関しても、差し示していると言える。すなわち、「起」で話の主旨を立上げ、「承」で話の要点を開示して、「転」でその話の要点を分析し、「結」でその講話の結論（まとめ）を指し示すと言う、講話の組み立て方の要領をも指南するものでもある。

　従って、このことを踏まえて講話に臨めば、その長短に拘わらず、聞き手に受け入れられ易い構話形態によって、上手な話し方ができるようになると言える。

6　喜怒哀楽（きどあいらく）

　この熟語は、構成をなしている各文字のそれぞれに意味が預けられている。また、人は誰もが、その人格を形成するこの四つの要素によって支配されている。

7　虚無主義（きょむしゅぎ）

　真理や基準などの生活の規範になる事柄について、そのすべてを否定しようとする主義主張のことである。

8　曲学阿世（きょくがくあせい）

　真理に背いた学問を志向するようなことは、時勢に逆らうことだ、という意味のことである。

9　教条（きょうじょう）主義

　権威のある学説を、そのまま受け入れたり、当てはめたりするやり方のことを指している。

10　虚心坦懐（きょしんたんかい）

わだかまりをなくし、さっぱりした心境になる、という、心の
あり様を言っている。

11　虚無（きょむ）主義

世の中の真理や基準などに対する価値を否定し、そのすべてを
捨てようとする主義主張のことである。

12　奇をてらう

世間の気をひくために、風変わり（支度や行動）な格好をする
ことを言う。

13　捲土重来（けんどじゅうらい）

一度失敗した者が、再び全力を取り戻して、やり直しのための
取り組みを開始することを言う。

14　行雲流水（こううんりゅうすい）

成り行きに任せて行動することが、そのまま修業なのであると
いうことを教えている。

15　呉越同舟（ごえつどうしゅう）

仲の悪い者ばかりが同じところに一緒にいると、すぐに喧嘩に
なったりする。つまり、組み合わせが良くないということを示唆
した表現である。

８－３　さ行に関する熟語

1　塞翁が馬（さいおうがうま）
　中国の故事から引用されたことわざであって、人の世界における運命や幸・不幸は「常に奇遇で因果関係が定まらないものだ」と言うことを、この熟語によって表現している。

2　三竦み（さんすくみ）
　ヘビはナメクジを恐れ、ナメクジはカエルを恐れ、カエルはヘビを恐れると言うように、三種の生物が互いに敵を抑えあう関係にあることを、このように表現する。

3　三の酉（さんのとり）
　１１月の三番目の酉（とり）の日に行われるとりの市のことを言う。三の酉のある年は、火災が多発するとのいわれがある。

4　三位一体（さんみいったい）
　父と子及び聖霊は、すべて神の下では一体であるとする、宗教的な考え方のことである。

5　三隣亡（さんりんぼう）
　占星術という「占い」の吉凶によると、三隣亡にあたる日に建物の棟上げを行うことは良くない事とされている。これは迷信であるが、建築業界においては、今でもこれを意識した工程の調整

が行われているようである。

6　竦む（すくむ）、怯む（ひるむ）

竦むは、寒さで足が<u>すくむ</u>と言うような場合に用いる言葉である。一方の怯むは、対立する相手に対して恐れの気持ちが生じ、自分の気持ちを維持するだけの気力は失われてしまう、との状況にある様子を表現する言葉である。

一見すると、この二つの言葉の間には共通性があるように感じられるが、実は異なる意味のものである。

7　図星（ずぼし）を指す

例えば、不具合が発生し直ちに復旧させたいという時に、その原因が予想通りであっため、無事に復旧することができたと言う場合には、予想が的中したことを図星を指したという。

8　千日手（せんにちて）

将棋の対局において、相手が打ったのと同じ手を共に繰り返すようになると勝負が決まらなくなるが、この千日手という言葉はそのような場面のことを言っている。

9　千編一律（せんぺんいちりつ）

この言葉は、文章表現のかなりの範囲が、いずれも同じ調子で書かれていて変化に乏しいため、読みごたえが無いという批判の意味を表現したものである。

10　千変万化（せんぺんばんか）
　物事（作戦など）を様々に変化させ実行していくことによって、積極的に効果を上げようとすることである。

11　前門の虎（とら）、**後門の狼**（おおかみ）
　災難や危険が、自分たちの前後にせまって来ている状況のことをこのように言う。

12　先憂後楽（せんゆうこうらく）
　国の指導者は「国民に先立って苦しみ、国民に遅れて楽しむ」ことが大切だとする、政治家の心得を示した言葉である。

13　千里眼（せんりがん）
　千里も先のことまで知ることが出来る能力のことを言う。

14　蒼穹（そうきゅう）
　蒼穹とは　青空のことを表現する特異的な言葉である。

15　糟糠（そうこう）**の妻**
　貧乏や苦労を共にして暮らしてきた妻に対する、感謝の念を表現した言葉である。

16　相剋（そうこく）
　お互いに敵（かたき）として対立する関係であり、互いに争う関係でもあるという意味である。

8－4　た行に関する熟語

1　大事（だいじ）**の前の小事**（しょうじ）
　大事を成し遂げようとする時には、小さなことにも気を付けることが大切であるということである。

2　大同小異（だいどうしょうい）
　比較したところ、おおよそ同じであるが、細かな点については違いがあるという意味である。

3　第六感
　いわゆる五感（視覚、聴覚、嗅覚、味覚、触覚）の他に、人には第六感として、直感（勘のこと）が備わっていると言う考え方のことである。

4　他山（たざん）**の石**
　よその山（他山）にあったつまらない石ころであっても、自分の玉（宝石）を磨くのに役だてることができる、と言う意味の下から、他所の事例を積極的に参考にすべきことを教えている。

5　殺陣師（たてし）
　時代劇において、俳優に殺陣（たて、真剣の取り扱い方のこと）を教える人のことを言う。

6　立て役者

　芝居の興行において、一座の中心となる人気俳優のことを言う。

7　玉虫色

　光線の具合により、その織物の色彩が玉虫（羽を持つ、宝石の
ように色鮮やかな色彩を持つ昆虫）のように、煌びやかに見える
色彩であることを指している。

8　断腸（だんちょう）の思い

　こらえきれない程の辛さを、比喩的な表現を使用して言い現わ
した言葉である。

9　血の雨を流す

　これまでに、堪え切れない程の辛くて苦しい思いを沢山味わさ
れてきた様子を、喩えとして表現した言い方である。

10　昼夜を分かたず

　仕事の能率を上げるため、昼と夜の区別をせずに仕事を進めて
行くことを、このように表現する。

11　ちょっかいを出す

　猫が足を出すような具合に、横から口を出して話の進行を邪魔
することを、このように言う。

12　手のひらを反す

その人の態度や言っていることが、突然、手のひらを反すように、今までと全く違ってしまうことを、このように表現する。

13　出る杭は打たれる

優れた才能がある者は、とかく憎まれることが多いと言うことを、」比喩的に表現した言葉である。

8－5　な行に関する熟語

1　内柔外剛（ないじゅうがいごう）

気が弱い性格ではあるが、外部に示す態度は強く堂々としている、という人物の特徴のことを言っている。

2　泣いて馬謖（ばしょく）を斬る

この言葉は中国の故事に由来していて、どんなに大切な部下であっても、規則にそむいた者は厳しく罰する、と言うことを表わした格言である。

3　泣かず飛ばず

よい時期が来るまで、能力を温存してじっと耐えていることの意味を表している。

4　七転び八起き

何回失敗があったとしても、その度に立上って奮闘努力をすれ

ば、やがては成功することが出来るものだ。という昔から知られた人生訓である。

5　鳴りをひそめる

　物音を立てないように、静かにする（動き回らないない）ことを言う。

6　難中の難事

　難しい事柄の中でも、特に解決することが難しい事柄のことを指して、このように表現する。

7　肉を切らして骨を断つ

　自分も相当の被害を受けることを覚悟して、その代わりに相手も徹底的にやっつけてやると言う、武士が戦いの場において求められる覚悟の程を表現した言葉である。

8　二の舞を演じる

　他の人の失敗と同じような失敗を繰り返すことを、このように表言する。

9　煮ても焼いても食えない

　したたかな者で、とても手に負えそうもない横暴な人のことを、このように表現する。

10　寝覚めが悪い

悪いことをしたために良心に苦しめられ、気分が優れない様子
をこのように言う。

11　のどから手が出る

欲しくて、欲しくて、喉から手が出るほど我慢ができない様子
のことを言う。

8－6　は行に関する熟語

1　はかがいく

この言葉の「はか」とは何かといえば、それは稲作等の農作業
において、作業の進み具合を表現する際のことばである。つまり
予定した時点で作業が予定通りに進んでいるのであれば、その様
子を意味して「はかがいった」と表現することになる。

2　はかばかしい

この言葉の使い方には他の言葉にない特徴がある。それは、こ
の言葉を用いる場合の殆んどが、否定の形に変化させて使うと言
うことである。具体的な表現としては「はかばかしくない」との
表現で使用するということである。

この変化を整理すると、「はかばかしい」は、予定通りに進ん
でいる、という意味であり、変化後の「はかばかしくない」は、
予定通りに進んでいない、または「作柄が良くない」という意味
となる。そして、通常聞くことが多いのは、あきらかに否定形に

よる表現のほうである。

3 馬脚をあらわす

演技において、馬の被り物を被っていた者がその被り物を取って正体を現わす、と言うことから転じ、隠していたことの正体が「ばれる」ことをこのように言う。

4 拍車をかける

馬に乗る人が乗馬靴の「かかと」に付ける金具のことを拍車と言い、この金具で馬の腹を蹴ることが馬に勢いを与える操作である。そして、この騎馬操作を模して、物事に勢い与えることをこのように言う。

5 箸にも棒にも掛からぬ

新人の指導などにおいて、その人が指導者の言うことに従わず、もて余してしまいそうな振る舞いをする人を、このように言う。

6 破竹の勢い

竹を割る時のように、勢いが激しく、途中で止めることができないような情勢にあることをこのように言う。

7 はちの巣を突いたよう

騒ぎが大きくなり過ぎて、鎮めるのが容易でないような様子のことをこのように言う。

8　八方ふさがり

　状況を変えようとしても、どの方向に向けても差しさわりがあって、どうしても動きようがなくなってしまう状態に落ち入ってしまったことをこのように言う。

8－7　ま行に関する熟語

1　蒔（ま）かぬ種は生えぬ

　何もしないでいては、よい結果を期待することはできないと言う意味である。

2　負けるが勝ち

　相手に勝ちを譲ってやることが、結局はそれが最後の勝利に繋がるのだ、と言うこと。

3　身を捨ててこそ浮かぶ瀬もあれ

　困難に遭遇した時に、命を捨てるくらいの覚悟で対処して行かなければ、何事もうまい具合いには行かないと言うこと。

4　水清ければ魚すまず

　あまりに厳正な対応に終始し過ぎてしまうと、かえって、人はそこに寄り付かなくなってしまうと言うこと。

5　胸を撫でおろす

心配や不安なことが消えて「ほっと」する様子のことを言う。

８－８　や行に関する熟語

1　闇（やみ）から闇へ葬る
　世間に知られないように、都合の悪い物事を密かに始末してしまうことをこのように言う。

2　唯物史観（ゆいぶつしかん）
　歴史を「物」の側面から捉えて、人間の精神的な活動も物質的な面からみた生活面の豊かさによって左右されるものだ、とする立場をとる人の考え方のことである。

3　有終の美
　物事が最後の部分まで実行されたことを見届けた上で、責任をもって最後の仕上げを行うことをこのように言う。

4　憂慮（ゆうりょ）に堪えない
　物事の成り行きについて心配しないではいられない、と言う場合に、このように言う。

5　故（ゆえ）無しとしない
　故（ゆえ）とは理由のことであるから、全体としては、理由が無いと言うわけではない、と言うことになる。

6　世を忍ぶ

　世間から知られないようにするため、山里のような正体を隠すことができる場所に住み、静かに暮らすことを言う。

7　欲の皮が突っ張る

　非常に欲張りな人だ、と言う意味である。この場合の「欲の皮」とは腹の皮を指しているが、それを直接表現することは避けて、品格を整えるため、敢えて偽形的な表現方法を用いている。

8－9　ら行に関する熟語

1　竜頭蛇尾（りゅうとうだび）

　始めのうちは極めて勢いが盛んであったのに、終わりの頃になるとあまり振るわなくなる様子のことを言う。

　実は、この言い方も直接的な言い方を避けて、偽形的な表現方法を用いて表現している事例の一つである。

2　輪廻転生（りんねてんせい）

　生物（人間を含む）は、いずれは全てが死に、その結果、煙や灰になって分子レベルで他の植生物への移行が行われ、別の植生物に生まれ代わったりする結果、いずれかの時代に、その植生物をまた人間が捉えて食料にする時が来る、と言うのが「輪廻転生」の基本的な概念である。

3 両雄ならび立たず

英雄同士の二人が争うと、結局はどちらかが倒れることになるという自明の真実を、自虐視感的な言い方によって表わしたものである。

4 竜虎 (りゅうこ) 相打つ

どちらも傑出した二人の人物 (英雄) が、たがいに激しく争うことを言う。そして、その結果については前記の例と同様の結果になることが明らかである。

5 六根清浄 (しょうじょう)

人間には六つの感覚器官 (目・鼻・耳・舌・体・心) が備わっていて、これを六根というが、この六根から生じるそれぞれの欲望は出来る限り断ち切り、常に清らかな体でいられるように努めならないと言うのが、行者を主体とした山岳信仰の教義である。従って、行者 (山伏) は山岳を巡回する行 (ぎょう) を行う際には、常に「六根清浄」を唱えながら巡行するのである。

6 論語読みの論語知らず

理論と実際の行動との間には、大きな差がある (つまり、いくら立派な内容の本を読んだとしても、それを頭の中で理解しているだけでは、実際にそこに書かれている通りの行動をとることは出来ない) との視点を踏まえて、この言葉で学者達に対する批判の意識を表現しようとしているのである。

8-10　わ行に関する熟語

1 災いを転じて福となす

　悪いことに遭遇しても、それをきっかけに努力すれば、良い結果に結びつくことがある。

9　おわりに

この本の執筆が終了したのは令和２年の晩秋の頃で、コロナ禍の問題は相変わらずの様相にて推移している状況です。

　過日は、中曽根元総理大臣の葬儀が執り行われました。私が関心を持っている「話し方」の問題を前提にして申し上げると、中曽根先生は、大勢がおられた政治家諸氏の中にあって、特に話術が得意な方だったと言う印象を持っています。学生の頃、私はある機会に先生の講話を直接お聞きした経緯があるので、その後も先生に対しては特別の関心を持ち続けていて、折りに触れて聞き及んだ先生のご活躍とその話術の巧みさに本当に魅了されてきました。
　また、現在私が居住する、茨城県が輩出した梶山先生（元、内閣官房長官、故人）に対しましても、遊説演説を直接拝聴したこと等を通じ、その話術の巧みさに驚嘆した覚えがあります。

　さて、視点を切り替え、本書の冒頭で既に申し上げたことの繰り返しで恐縮ですが、バラエティー番組等にゲストとして出演される方々による話し方の巧拙について、いろいろな点を集約した結果の判断として申し上げると、やはり、現状では「話し方」の面については多くの方々に問題や懸念があると申し上げざるを得ず、それが筆者の申し上げたかった要旨であり、指摘のポイントです。
　一般的な評価として、実社会ですでに活躍しておられる多くの方についても、こと会話の側面においては語彙力に欠け、言葉に切れがないと言った弱点を共通的に抱えていると言うほかはなく、そのままでは、人々の共感を呼び起こすような覚醒的な言葉を口にすることは出来ないと申し上げざるを得ないと思うのです。

まさにその辺りが有力政治家たちとの間の差で、大勢を魅了することができるだけの、言葉による確かな表現力を持ち合わせているかどうかと言う点に照準を合わせて比較をすれば、そこには大きな相違があると申し上げざるを得ません。

　それでは、その間のギャップは、果たしてどのような手段を講じたら埋めることが出来ると言うのでしょうか。それに対して筆者が助言として申し上げたいのは、次のように、実に簡単なことなのであります。即ち、テレビ番組または新聞の中のニュース解説等でも良いし、あるいは現実社会における議論の場でも良いのでありますが、仮に自分が次に指名されて発言を求められたとしたなら、果たしてどのように言うべきかと言う視点に立って、常にそれらを見聞し、自分なりの視点を構築して欲しいと言うことです。
　そして、より重要な点が、それを周りの多くの人達に訴えかけた上で理解をして貰わなければならない、と言うことなのです。それには表現力が伴う必要があります。表現力は場数を踏まない限り上達は困難です。いずれにしましても筆者が助言したいことは、これらのことを意識してより一層経験を積むことと、場慣れをすることが何よりも重要なことだと言うことです。読者の皆様、この機会に是非ともご一考下さるよう、お願い申し上げます。

　最後になりましたが、本書をご購読くださった皆様方に対しまして、今後のご活躍とご健勝をお祈り申し上げます。

著者の略歴

1　氏　　名　　　中島　武久

2　生年月日　　　昭和１８年　４月　３日

3　現 住 所　　　茨城県　ひたちなか市

4　職　　歴　　　日本原子力発電株式会社
　　　　　　　　　総合研修センター主席講師
　　　　　　　　　その他

劣化を止めよう
日本人の国語表現力

2021 年 1 月 18 日　初版第 1 刷発行

著　者　中島　武久（なかじま・たけひさ）
発行所　ブイツーソリューション
　　　　〒466-0848 名古屋市昭和区長戸町 4-40
　　　　電話 052-799-7391　Fax 052-799-7984
発売元　星雲社（共同出版社・流通責任出版社）
　　　　〒112-0005 東京都文京区水道 1-3-30
　　　　電話 03-3868-3275　Fax 03-3868-6588
印刷所　モリモト印刷
ISBN 978-4-434-28421-2
©Takehisa Nakajima 2021 Printed in Japan
万一、落丁乱丁のある場合は送料当社負担でお取替えいたします。
ブイツーソリューション宛にお送りください。